# 석가는 이렇게 말하였다

著 李淸

죽음은 이 모든 존재의 자기 완성이다. 석가도 그랬던 것이고
후대의 조사스님들도 그랬다. 우리 또한 그럴 것이다.
인생은 죽음에 의하여 완성되고 해탈의 길도 그곳에서 완성된다.
비로소 석가는 죽음으로부터 자유로워진 것이다.

뿌리출판사

# 석가는 이렇게 말하였다

李淸 著

뿌리출판사

# 강을 건너는 나그네들을 위하여

석가의 생얼을 만나고 싶다는 욕망을 평생 지니고 살았다. 아난다의 기억이 풀어내기 전의 그 위대한 각자의 법문 자리 말석에라도 앉아 있고 싶었다. 마명(馬鳴)과 무착(無着), 세친(世親), 용수(龍樹) 같은 석학들이 출현하여 석가의 가르침 주변에 담을 쌓고 지붕을 올리고 벽을 발라 불교라는 이름의 화려한 집을 짓기 이전의 소박한 석가, 중국 사람들이 그들의 도(道)를 덧입혀 전혀 다른 모습으로 둔갑시키기 이전의 석가를 만나고 싶었다. 물론 가당치 않은 소원일 뿐이었다. 그런 욕구를 한 자락 깔고 인도를 몇 번 여행했으나 여행은 역시 여행으로 그쳤다. 말도 통하지 않고 인도의 옛글도 모르는 주제에 어찌 그분의 행적을 밟을 수 있겠는가.

그러나 기적이 생겼다. 이 땅에서 나와 같은 욕구를 지니고 있던 유능한 사람들이 갑자기 그 동안 소승불교라 하여 밀쳐두었던 근본불교에 관심을 가지고 그 방면에 대한 연구를 왕성하게 하는가 하면 비교적 석가의 생얼에 가까운 육성이 담긴 경전들을 번역하여 출간하기 시작한 것이었다. 이 글의 말미에 붙여놓은 '참고서적' 들 중 상당수가 그런 노력으로 간행된 것들인데 그런 책들이 나왔기 때문에 내가 이런 글도 쓸 수 있었음을 밝혀두려고 한다.

내 욕심은 여기서 그치지 않는다. 바울이 많은 편지글에서 철학적 소양을 보태어 어지럽혀놓기 이전의 예수의 생각과 행적을 알고 싶었고, 동중서(董仲舒)가 통치 이념으로 색칠하기 이전의 공자(孔子)의 생얼도 만나고 싶었다. 그래야 그 자리에서 나도 출발할 수 있을 것 같았기 때문이었다. 우선 석가를 만나본 기록을 정리한 것이 이 책이다.

## 이 청(이태걸) 소설가

나는 평생 길을 묻고 다녔다. 주로 산사(山寺) 부근이었다. 스님들은 자신이 알고 있는 길, 자신이 가고 있는 길, 그들의 스승이 가르쳐 준 길을 친절하게 설명해 주었다.

그러다가 어느 날 문득 생각했다. 이게 아닐지도 모른다. 스님들도 잘 모르거나 엉뚱한 길을 가고 있을지도 모른다는 느낌이 들었다. 그것은 공포였다. 더 이상 물으러 다니지 않고 스스로 길을 찾아 나서기로 했다. 그들은 스승이 가르쳐 준 길을 어디쯤에선가 갈림길에서 선택을 잘못하여 너무 먼 땅으로 와버린 것은 아닐까, 하는 두려움이 내 발길을 잡았다.

마침내 막다른 곳에 닿았다. 거기서부터는 길도 없었고, 그 위대한 스승도 가르쳐 주지 않았다. 가다가 그런 곳을 만난다. 여행자는 반드시 막다른 절벽 앞에 선다. 어떻게 하나? "무소의 뿔처럼 혼자서 가라"고 스승은 일러주었다. 그 말이 지침이다. 혼자서라도 가야하는 것이다. 그래야 산의 정상에도 오르고 도도히 흐르는 강물을 내려다보는 이쪽 언덕에 올라설 수 있다. 강을 어떻게 건너느냐 하는 것은 또 다음의 문제다.

이 한 권의 책은 이쪽 언덕에 서서 대안을 바라보고 서 있는 여행자의 기록이다. 여기까지 오는 과정이 쉽지는 않았으니 그 경험을 몇 사람의 독자와 나누어 갖기 위해 구차스럽게 문자를 낭비했다. 주변을 돌아보니 나와 비슷한 길을 가는 여행자들이 많았다. 그분들이 언젠가 더 좋은 기록을 남기도록 자극을 주려는 뜻도 있었다.

2013. 봄. 李清

제1부

석가는 이렇게
깨달았다

# 1. 영웅이 태어나기까지

## 1. 그래도 지구는 돈다

초등학교를 졸업한지 40년이 지난 친구들 몇이 오랜만에 모였다.

"학수가 안 보이네?"

한 친구가 말했다.

"죽었어."

다른 친구가 말했다.

"죽었어? 언제? 어떻게?"

"1년 쯤 됐어. 폐암이었대."

"학수가 갔구나."

또 다른 친구가 뱉았다. 학교 다닐 때 공부도 제일 잘했고, 철학자로서 탄탄한 정신세계의 울타리를 쳐놓고 살던 학수, 그가 떠나버린 것이다. 대체 어디로 갔을까? 확실한 것은 두 가지였다. 하나는 학수가 죽었다는 것, 다시는 그를 보지 못한다는 사실이었다. 확실한 것이 또 있었다. 학수가 죽었는데도 우주는 여전히 운행을 계속하고 있고 세상은 변한 것이 조금도 없다는 것이었다.

어쨌거나 그 탄식을 끝으로 학수의 죽음은 친구들 사이에 기정사실로 받아들여지고 더 무슨 말을 하는 친구가 없었다.

학수는 죽었다. 학수는 갔다. 다시는 그를 보지 못할 것이다. 어디로 갔는지 아무도 모른다. 그러나 세상은 여전히 돌아가고 있다. 누군가 죽었으나 더 많은 사람들이 살아 있다. "내가 곧 우주다" 하고 말하던 친구가 죽었으나 그가 죽은 후에도 우주는 운행하고 있고 세상은 여전히 잘 돌아가고 있다. 어떤 놈은 오늘 저녁 만날 여자의 속옷을 벗길 궁리를 하고 있고 어떤 년은 수도권에 새로 분양하는 아파트를 웃돈 조금 얹어 살까 말까 궁리에 머리가 터질 지경이다.

모인 친구들 중 둘은 기독교인이고 둘은 불교도다. 나머지 몇 사람은 다른 신앙을 가지고 있거나 믿는 것도 없이 여기까지 살아온 사람들이다. 기독교 신앙을 가진 친구들은 학수가 '예정된 어느 날'에 무덤에서 벌떡 일어나 부활하거나 영생할 것이라고 믿을까? 그렇지 않았다. 그들은 다른 사람들의 부활과 영생을 믿지 않거나 반신반의했다. 그러나 그들 자신은 부활하고 천당에서 영생할 것을 믿고 있었다.

기독교인들이 무얼 믿거나 말거나 여기서는 일단 논외로 치자. 학수가 생전에 불교도였기 때문에 그가 어디로 갔고, 그가 없는데도 왜 지구는 운행을 계속하고 있는지, 그 문제만 생각해 보기로 한다. 그런 문제 때문에 왕자의 신분을 벗어던지고 고행을 거듭한 끝에 마침내 크게 깨달아 마음의 평정을 얻고 다른 사람에게도 그 길을 가르쳐 준 석가(고다마 싯달타)라는 사람이 있었다. 그가 무엇을 알았고, 자신이 알아낸 것을 어떻게 말했는가? 평생 절에 다니며 불공을 드리고 책을 읽고, 틈나면 참선 수행도 했으면서도 죽고 나니 흔적도 없어지는 학수의 문제를 석가, 그는 알았을까, 몰랐을까?

혹시 석가 그 사람의 깨달았다는 그 무엇이 잘못되었거나 부족한 것은 없었을까? 그의 가르침에 허점이 있었을지도 모른다. 그가 완벽했는데도 2천 수백 년이 지나면서 그의 가르침에 군더더기가 붙고 알맹이가 빠지거나 비틀어지고 왜곡되어 지금 사람들이 지엽말단을 붙들고 있는 것은 아닐까? 석가의 가르침을 전파하기 위해 교단을 만들어 운영하는 무리들이 저들 먹고 살기에 편하도록 적당히 재창조, 재조립하는 바람에 석가 그 사람의 본래 깨달음이나 가르침에서 멀어지고 뒤집어지거나 낙오된 알맹이는 없을까? 이런 의문이 일어난 이상 의문을 풀지 않을 수가 없게 된 것이다.

학수의 죽음은 생과 사의 문제가 인류 보편의 문제이기도 하지만 당장 내 앞에 닥친 개별적이고 일회적인 문제임을 알려주는 신호였다. 나의 문제는 내가 풀어야 한다. 석가는 석가 자신의 문제를 풀다가 다른 사람에게 그 길을 가르쳐 준 사람이었다. 그러나 2천 수백년 전에 살았던 사람의 상황인식이나 태도가 지금에도 유용한 것인지 아닌지 따져보아야 한다. 모든 사물은 실재하는 것이 아니라 내 마음이 만든 것(一切唯心造)이라는 명제를 입증하기 위하여 그토록 현란하게 논리를 펴나가면서 사람들 머리를 어지럽게 만든 그 이론들이 정말로 타당한가? 우리는 선거를 하느라 온 나라 사람들이 법석을 떨면서 대통령으로 한 사람을 뽑아놓았는데 그 사람이 실재하지 않고 그냥 우리 마음이 만들어낸 환각인가? 어렵게 불법을 공부한 스님들은 이런 유치한 질문을 놓고 웃겠지만 이제 이런 유치한 질문이라도 모조리 꺼내놓고 따져보아야 할 때가 된 것이다. 삶과 죽음은 나 자신의 문제일 뿐이고 누구도 대신해 줄 수 있는 문제가 아니기 때문이다. "부처를 만나면 부처를 죽이고 조사를 만나면 조사를 죽인다"던 옛 사람의 기상은 본받을만하다. 우리도 석가를 만나면 석가를 죽이고 불교를 만나면 불교를 죽이자.

## 2. 세 가지 의문

### (1) 석가는 사후세계를 알지 못했다?

첫 번째 의문은 석가가 사후세계에 대해 알지 못했거나 그것(사후세계)을 부정한 것은 아니었을까? 하는 의문이다. 기록으로 살펴보면 이런 의심은 더욱 짙어진다.

부처님께서 기수급고독원(祇樹給孤獨園 : 사위성 남쪽 1마일 지점, 祇園精舍가 있는 곳)에 계실 때 만동자가 명상 중에 생각하기를 "이 세상은 언제 누구에 의해 만들어졌으며 언제 끝나고 없어질 것인가, 부처님은 사후에도 계속 존재하는가 소멸되는가."

등 의문을 자아냈다. 지금까지 여러 차례에 걸쳐 이런 문제를 부처님에게 물어보았으나 부처님은 대답해 주지 않았다. 즉 무기(無記)로 일관했다.

'만일 오늘도 부처님께서 이에 대해 답변해 주시지 않는다면 나는 이런 답답한 수행은 집어치우고 세상으로 돌아가야겠다' 이렇게 생각하고 부처님께 찾아갔다.

만동자가 말을 꺼내자 부처님께서 뜻밖에 답변하셨다.

"언제 내가 너에게 그런 것을 가르쳐 준다고 약속을 했느냐, 만동자야. 어떤 사람이 독화살을 맞았다고 하자. 그 화살을 당장 뺄 생각은 하지 않고 '이 화살은 누가 쏘았으며 무엇으로 만들었을까, 구리로 만들었을까, 대나무로 만들었을까, 돌로 만들었을까, 이 화살을 만든 사람은 어떻게 생겼고 무슨 직업을 가지고 있으며 어떤 성격을 가지고 있을까.'를 생각하고 있다면 그 사이에 화살의 독이 온몸에 퍼져 그 사람은 죽고 말 것이다. 일단 화살을 몸에서 빼놓고 치료한 다음 생각해도 될 일이다. 너도 열심히 수행하여 생사를 벗어나게 되면 그 안에 있는 길은 저절로 열리고 의문 또한 저절로 풀릴 것인데 어찌하여 그런 못난 생각이나 하고 있느냐"

그 말씀을 듣고 만동자는 큰 깨달음을 얻고 다시 발심하여 열심히 정진하였다.

(중아함경 제60권 2. 예품 箭喩經)


대부분의 경전은 부처님의 가르침을 듣고 '큰 깨달음을 얻었다' 거나 '아라한과를 증득했다' 거나 하고 끝난다. 그러나 만동자가 부처님의 이 말씀을 듣고 과연 큰 깨달음을 얻었을까, 더 깊은 의문에 사로잡혔을까. 나는 후자였을 것으로 생각하지만 대부분의 부처님 제자를 자처하는 사람들은 이 경전 기록에 등장하는 사실을 두고 '만동자의 어리석은 의심'을 경멸하거나 질타한다.

이 '독화살의 비유'는 불법에 대한 바른 이해와 어리석은 의문들을 경계하는 대목으로 자주 인용되는 유명한 비유이다. 대개는 아전인수식으로 불법을 설명할 때 이 비유를 갖다대기는 하지만 나는 이 비유를 읽을 때마다 만동자의 입장에서 생각하게 된다. 석가 부처님의 자상한 설명으로 만동자의 의문은 해소되고 그는 곧 '발심하여 정진했다'고 경전은 기록하고 있으나 만동자가 품었던 의문 자체는 아직도 살아 있기 때문이다. 만동자의 질문은 존재론적인 것이고 형이상학적인 것이었다. 몇 번이나 스승에게 같은 질문을 하였으나 세존이 대답을 하지 않자 '이번에도 대답해 주지 않으면 중노릇 그만두겠다'고 결심할 정도로 그에게는 생사가 걸린 절박한 문제이기도 했다. 부처님이 보기에는 문제가 되지도 않는, 대답할 가치도 없는 질문이었겠지만 만동자에게는 그것이 곧 독화살이었다.

그러나 석가가 이같은 질문에 대답을 피했을까? 그렇지 않았다. 오히려 더 적극적으로 존재의 실상에 접근하여 그 본질을 파헤치려는 불퇴전의 용기와 치열한 정신의 소유자가 석가였다. 따라서 그의 초기 가르침에는 이 문제에 대한 대답이 이미 들어 있었다.

그 첫 번째 대답이 중도(中道)이다. 두 번째 대답은 연기법(緣起法)이다. 사실은 중도와 연기법 속에 석가의 깨침과 그를 바탕으로 한 가르침의 모든 진리가 다 들어 있다. 중도와 연기법도 각각 별개의 진리체계가 아니라 연기법이 곧 중도이며 중도가 곧 연기법이다. 석가가 만동자에게 "공부(수행)를 열심히 하여 생사를 벗어나게 되면 (그런 문제는 저절로 알게 된다)" 하고 말했던 것도 중도와 연기법의 진리를 체득하여 생사에서 해탈하면 '인간의 영혼은 영원한가, 아닌가, 죽음 이후에도 생존하는 내가 있는가 없는가 따위의 질문은 저절로 극복된다.' 고 본 것이다.

그러므로 석가의 가르침은 근본적 의문에 대한 회피가 아니라 기존의 사고방식을 완전히 뛰어넘는 새로운 진리체계로 이 문제에 접근하고 있음을 보여준다. 만동자야말로 구태의연한 의문의 감옥 속에 스스로 갇혀 있었던 셈이다. 우리는 석가가 가르쳐 준 그 길을 따라가 보기로 한다. 가면서도 만동자의 '어리석은 의문' 을 끝까지 버리지 않을 작정이다.

### (2) 제법무아(諸法無我)인데 윤회하는 나(我)는 무엇인가?

중도의 진리도 연기의 법칙도 항존(恒存)하는 나(我)가 없다는 데서 출발하고 또한 내가 없다는 진리로 귀결된다. 무아(無我)는 브라만(梵我)과 아트만(眞我)으로 일체를 설명하는 브라흐마니즘에 대한 석가의 도전의 키워드이다. 그러므로 3법인(三法印 : 諸法無我, 諸行無常, 一切皆苦)의 하나인 '제법무아(諸法無我)' 는 불타의 가르침의 핵심이라 할 수 있다. 실제로 석가는 기회 있을 때마다 "이것이 있기 때문에 저것이 있고, 저것이 소멸하면 이것이 소멸한다" 는 연기의 법을 거듭 강조하고 있는데 결국 연기란 항존하는 자아가 없다는 것으로 무아의 다른 표현에 지나지 않는다. 자아라는 것 또한 조건에 따라 형성되었다가 조건의 소멸과 함께 소멸하는 공허한 것이라는 뜻인데 그것은 곧 무아이다.

불교(석가의 가르침)라는 거대한 구조물은 무아의 초석 위에 세워진 건축물과 같다. 그런데 그 초석이 조금 흔들리고 있다. 윤회(輪回)는 불교의 초석인 무아를 뿌리에서 흔드는 모순 개념 중의 하나다.

석가도 자주 윤회를 설파했었다. 자신의 아득한 전생(前生)을 돌아보고 자랑하기를 서슴지 않았고, 문제가 있는 사람들이 찾아오면 그의 전생을 밝혀 들여다보고 지금의 문제가 전생의 업(業)에 원인이 있음을 말해주고 있다.

그렇다면 인간은 과거, 현재, 미래를 통하여 일관성 있게 존재하는 '나'가 있어야 한다. 윤회하는 것이 사실이라면 윤회의 주체, 즉 삶의 알맹이가 존재해야 한다. 무엇이 윤회하는가? 윤회를 통하여 업(業)을 이어가는 내가 없다면 윤회라는 개념 자체가 존립할 수 없다.

우리나라의 고승들 중에는 "주인공아" 하고 인식의 주체인 '나'를 발견하려는 원력을 세우고 거듭 정진하여 마침내 '주인공'을 찾았다고 고백하는 선사가 있었다. 이 때의 '주인공'도 사고와 행위의 주체로 설정된 '나'를 지칭하는 말이다. 한 발 더 나아가 업(業)과 윤회의 주체로서 제7식에 이어 제8식의 존재를 설정하는 경우도 있으나 매우 억지스럽다. 인간의 의식을 6식, 7식, 8식으로 잘게 쪼개어 '미세망념'을 하나 설정하지 않으면 업도 윤회도 설명이 불가능하기 때문인데 모두 후세의 일이고 석가는 여기까지 이르지는 않았다. 무아는 무엇이고 주인공은 또 무엇인가? 사고와 행위의 주체는 대체 무엇을 말하는가? 어디서 생겨났는가?

이에 대해 석가를 위하여 변명하는 후학들의 이야기는 대체로 이 대목에서 석가가 생존 당시 인도의 전통적인 사생관(死生觀) 중 일부를 무비판적으로 수용한 경우가 있으며 윤회가 바로 그런 경우라고 말한다. 티벳 라마교의 지도자이자 망명 티벳 정부의 수반이기도 한 제14대 달라이라마는 13대 달라이라마의 환생이자 관세음보살의 환생(還生)으로 믿어지고 있다. 티벳 동북지역 타크처라는 작은 마을에서 농부의 아들로 태어난 텐진 가쵸가 관음보살의 환생이자 13대 달라이라마의 환생으로 인정 받는 과정을 면밀하게 들여다보면 납득하기 어려운 비합리적 대목도 있지만 티벳 사람들은 믿음으로 비합리적 과정을 극복하고 있다. 문제는 이러한 환생, 즉 윤회의 사상이 단순히 고대 인도나 티벳 등 일부 불교국가에만 존재하는 한정된 이야기가 아니라 우리나라 기층 신도들에게도 광범하게 퍼져 있는 신앙의 대상이라는 점이다. 무아가 진리라면 윤회는 허구이다. 항존하는 내가 없는데 윤회하는 내가 별도로 있을 수가 없기 때문이다. 그런데도 왜 석가는 윤회를 믿고 이야기했을까? 이 책의 전체를 통하여 이 의문도 놓아버리지 않을 작정이다.

## (3) 마음이 곧 부처다?

학수의 의식(마음)은 학수라는 인간을 형성하고 있던 육신이 소멸함과 동시에 기능을 멈추었다. 기능을 멈춘 학수의 의식은 학수의 몸을 떠나 어디로 가서 계속 존재하는 것일까? 그런 식으로 존재할 가능성이 거의 없다는 것이 내 생각이다.

한 인간의 마음이(혹은 정신, 혹은 영혼) 소멸한 후에도 세계는 존재하고 우주는 질서 정연하게 운행하고 있다. 내 마음이 곧 세계이자 우주라고 했던 석가의 가르침은 잘못된 것이다. 왜? 그냥 부처님의 가르침이니 덮어놓고 믿자는 태도가 아니라 의심스러운 것은 일단 의심을 해보자는 것이다.

결국 '마음' 이라는 말이 문제다. 무엇을 마음이라 하는가에 따라 그 마음이 영속하기도 하고 단멸하기도 하기 때문이다. 마음을 우주 자체, 세계 자체인 브라만이나 이데아로 파악한다면 그것은 영속하는 실재의 관념이다. 그러나 살아 있는 인간의 개별적인 의식, 기억(추억)의 덩어리를 마음이라 하면 그것은 육신과 함께 소멸하는 것이다.

일체유심조(一切唯心造)라는 말보다 그것을 사용하는 사람마다 그 의미가 달리 투영되어 혼란스러운 말도 드물다. 일체유심조라는 숙어를 구성하고 있는 원소, 즉 '마음' 이라는 말이 혼란스럽기 때문이다. 이 '마음' 의 개념, 정의에 따라 어떤 이의 불교는 범신론이나 신비적인 토테미즘에 기울고 어떤 이의 불교는 거의 유물론적 결정론에 가까운 태도를 지닌다. 하늘과 땅의 차이로 벌어지는 것이다.

그러므로 나는 이 글을 통해 '마음' 이라는 말의 무책임한 오용에 대해서도 늘 관심을 기울일 것이다. '관심을 기울인다' 는 것은 점잖은 표현이고 사실은 위에 든 세 가지의 의문을 석가의 깨달음과 가르침을 통해 풀어보자는 것이 이 글의 진정한 의도이다. 석가를 통해 풀기 위해서는 석가가 살았던 시대, 석가가 살았던 공간(인도)으로 여행을 떠나야 한다.

## 3. 인도 - 있을 것은 다 있고 없을 것은 없었다

인도라는 나라에 대해 뭔가 쓰려는 사람들은 인도의 문화가 한 마디로 간단하게 말하기 어려운 복잡성을 지니고 있다고 비명을 지른다. 일종의 엄살이다. 땅덩어리가 크고(한반도의 약 20배), 역사가 오래 되었으니 한 마디로 정의 내리기 어려울 정도로 다양하리라는 것 쯤은 누구나 짐작할 수 있는 일인데 복잡성, 난해성을 인도 문화의 본질인 양 엄살을 떠는 것은 아무래도 지나친 일인 것 같다. 그런 거대한 물체를 정확한 통찰력으로 짚어 한 두 마디 언어로 정의 내리려는 의도 자체가 망발인 것이다.

"인도에 가면 거지도 성자의 모습을 하고 있다."

이것은 사실이다. "미국에 가면 거지도 영어를 할 줄 안다"는 말과 같은 맥락이다. 또 "인도에서 한 달을 살고나면 (누구나) 책 한 권을 쓸 수 있다. 그러나 석 달 이상 머물고 나면 아무 것도 쓰지 못한다"는 말도 있다. 인도를 알면 알수록 어려워진다는, 이 말 역시 엄살이다.

이처럼 인도 문화의 바다에 빠져 허우적거리면 아무 것도 제대로 볼 수 없다. 바다에 빠지지 않고 이쪽 해안의 언덕에 올라 바다를 바라보는 시각을 유지하려는 것이 필자의 생각이다. 이런 시각으로 바라보면 인도 대륙과 그 속에서 살았던 사람들의 생각이나 행동도 의외로 단순해진다.

인도는 배추 뿌리를 세워놓은 것 같은 모양의 역삼각형 반도이다. 대양을 향해 주머니처럼 불거진 땅을 반도라 하고 그런 점에서 한반도나 이탈리아 반도와 유사하지만 그 자체만 가지고도 '대륙'이라 칭할만치 거대한 크기를 가지고 있으니 사정은 달라진다. 흔히 중국대륙을 그 자체로서 하나의 '세계'(간혹 天下라고 과장하는 버릇이 있기는 하지만)라 부르는 것처럼 인도 대륙 역시 중국과 마찬가지의 '세계'이다. '세계'란 여러 종족이 분포하여 살고 있고, 여러 문명과 문화가 숨쉬는 큰 덩어리를 일컫는 개념이다. 하나의 '세계'인 인도에서는 수많은 민족과 국가가 명멸하고 온갖 문화가 유입되어 비빔밥을 만들어냈으니 그것을 전체적으로 파악하기 어려운 것은 당연하다 할 것이다. 특히 좁은 반도에서 단일 민족, 단일 국가로 살아온 한국 사람들의 의식 수준으로는 더욱 그럴 것이다.

바다로 툭 불거진 대륙, 즉 반도(?)에서는 수륙 양면에서 끊임없이 이민족의 침입을 당하게 되고 이질적 문명이 유입되는 것을 막을 도리가 없다. 그리하여 종교와 사상이 뒤섞이고 혼돈한 가운데 오랜 세월을 지나면서 자연스럽게 하나의 특색 있는(비빔밥 같은) 신화와 종교 사상의 체계가 이루어진다. 인도를 한 마디로 정의하기 어려운 것은 중국을 한 마디로 정의하기 어려운 사정과 비슷하다. 힌두이즘과 불교, 자나교, 마호멧교가 공존하는 모습도 유교, 도교, 불교가 나란히 공존하며 공산주의의 옷을 입은 자본주의가 뒤섞여 있는 중국의 사정과 닮았다. 세계 4대 문명 발상지라는 위상도 비슷하다.

인도는 남쪽으로 인도양, 서쪽으로 아라비아해, 동쪽으로 벵갈만에 둘러싸여 있고 북쪽으로는 세계의 지붕인 히말라야 산맥이 활처럼 휘어져 덮개처럼 감싸고 있다. 이처럼 바다와 육지로 열려 있기 때문에 긴 역사를 통하여 수많은 종족들이 이 대륙에 들어와 국가를 세우고 문화를 이식시켰다. 그 결과가 오늘날 우리가 보는 인도 문화다. 그러므로 인도 문화 속에는 조영남의 노래 〈화개장터〉 가사처럼 있을만한 것은 다 있고 없을 것은 없다.

　우리는 지금 석가와 그의 깨달음 및 가르친 내용을 음미해 보기 위해 멀리 휘돌아 인도 자체를 조금 이해해 보려고 시도하는 중이다. 그 방법은 여러 길이 있겠으나 이 땅에서 살아온 사람들을 알아보는 것이 첩경이라 여겨진다.


## 4. 브라흐마니즘에 대한 반동으로 나온 슈라마니즘

　인도 대륙에 언제부터 사람이 살기 시작했느냐 하는 것은 우리의 관심사가 아니다. 가장 먼저 이 대륙에 유입된 종족으로는 바다 건너 아프리카대륙에서 인도 대륙의 남쪽과 서쪽 해안으로 들어온 니그로이드인(Nigroid人)이 있었다. 키가 작고 피부가 검은 이 종족은 남쪽에서 북쪽으로 영역을 넓혀 나갔으나 인도 문화의 형성에 큰 역할을 하지는 못했다. 즉 주류가 아니었다.

　뒤를 이어 오스트로 아시아계의 종족이 들어왔다. 인도 중부와 벵갈, 그리고 미얀마와 타이, 캄보디아의 크메르족과 동일 계통인 이 종족은 전형적인 서남아시아인의 모습을 하고 있었는데 한 때 인도 전역에 걸처 분포했다.

그 후 지중해와 소아시아에서 드라비다인(Dravidian)이 들어와 주로 남인도에 분포했다.

본격적으로 인도의 역사가 시작된 것은 아리아인(Aryan)이 등장한 이후부터였다. 아리안은 피부가 희고 키가 크고 코가 큰 인종이다. 이 종족의 원 고향이 어디인지는 아직도 의견이 분분하여 정확하지가 않다. 다만 인도 유러피안어를 사용하는 이 종족의 이동 경로를 역추적한 결과 중앙아시아에서 이동해 간 것은 확실한 것 같다. 중앙아시아에서 움직인 이 종족의 한 무리는 유럽으로 들어가고 다른 한 무리는 아시아 쪽으로 방향을 잡았는데 이들이 다시 갈라져서 한 무리는 페르시아로 들어가 이란민족이 되었고 다른 한 무리는 다시 동쪽으로 움직여 인도 서북쪽의 회랑으로 들어와 인도 아리안족이 되었다.

아리안 족이 들어올 무렵 인도 대륙에 먼저 정착해 있던 종족들은 청동기시대의 꿈에 젖어 있었으나 아리안족은 철기시대의 문명을 지니고 있었다. 따라서 수레로 만든 전차(戰車)부대를 앞세우고 철로 된 무기를 휘두르는 아리안에게 기존의 종족들은 속수무책이었다. 이처럼 인도 대륙의 서북쪽, 주로 인더스강 지류의 비옥한 지대에 자리잡은 아리안은 베다문화를 창조하여 퍼뜨리면서 동쪽으로 이동을 개시하여 마침내 히말라야 산맥이 병풍처럼 막아주는 아늑하고 비옥한 북부 인도 전역에서 전성시대를 열어간다. 인더스강과 간지스강의 두 강 유역과 그 사이의 드넓은 대지에서 인도문화의 원형을 만들어가기 시작한 것이다. 이른바 베다시대이다.

베다시대의 초기에는 수많은 부족국가들이 병존하였으나 차츰 통일국가를 향한 권력의 집중화현상이 나타나기 시작했다. 그 과정에서 수많은 전쟁이 일어났다. 전쟁은 영웅을 낳고 영웅은 신화를 낳으면서 문화 발전의 동력이 된다. 처음에는 아리안과 비아리안을 구별하기 위하여 두 개의 계급을 두었으나 사회가 복잡해지면서 카스트제도로 발전하여 정착된다. 카스트의 최정상에는 사제계급인 브라흐만이 군림하고 그 다음으로 크샤트리아(무사계급), 그 다음으로 상인계급인 바이샤가 분포하고 카스트의 맨 아래층에는 노동자 및 노예로 구성된 수드라가 받치고 있었다. 통치자이자 전쟁의 지휘자인 왕은 크샤트리아로서 브라흐만계급의 아래에 위치한다. 이러한 위상은 고대 신정(神政) 국가에서는 자연스런 모습이겠으나 왕권이 강화되면서 브라흐만과 크샤트리아의 대립과 갈등은 피할 수 없게 되고 그 결과 또한 예정된 방향으로 발전해 갔다.

역사가들은 브라흐만이 지배하는 체제를 브라흐마니즘이라 명명한다. 사제들이 세상을 지배하고 크샤트리아와 바이샤로부터 세속적 권력을 인정받는 한편 공물을 거두어들이기 위해서는 제사 지내는 의식을 복잡하게 하고 신과 소통하는 언어로서의 주문과 경전을 난해하게 할 필요가 있었다. 사제들은 자신들만 아는 언어(산스크리트어)로 자신들만 행할 수 있는 의식 절차를 통하여 신들과 소통했고, 그 대가로 세속적 권력과 부귀를 얻어냈다.

그러나 세상이 발전하면서 브라흐만의 권위는 흔들렸다. 크샤트리아와 바이샤가 연합하여 브라흐만의 세속적 권위에 도전하기 시작했다. 브라흐만이 무너지면 신화도 함께 무너진다. 종교와 철학의 체계에도 대변화가 발생하고 새로운 사상이 등장한다. 불교와 자이나교가 등장하는 사회적 배경은 이처럼 베다문화에 대한 반동의 시대였다. 문화의 혁명가인 석가의 출현과 함께 베다시대는 종언을 고한다.

인간의 삶이 고단할수록 종교와 사상은 개화한다. 중국의 춘추전국시대에 제자백가가 등장했고, 유태민족의 고난이 절정을 이룰 무렵 선지자 모세가 등장했다.

고다마 싯달타가 역사에 등장했던 무렵의 인도인의 삶은 고단했다. 정복전쟁은 끝이 없었고, 엎친데 덮친 격으로 페르시아의 다리우스 1세가 인도 서북 회랑의 펀잡지역에 침입하여 인도인의 삶을 바탕에서 휘젓고 피폐하게 했다. 평화와 안온한 생활을 지켜주지 못하는 기존의 체제에 대한 회의와 저항의 움직임이 강하게 고개를 들었다. 브라흐만의 복잡한 의식과 희생제(犧牲祭)에 대한 의심이 고개를 들었다. 그 대신 카르마와 윤회 사상을 바탕으로 자기 수행에 의한 해탈을 강조하는 사상이 사람들의 마음을 끌었다. 천민계층인 수드라에 대한 부당한 대우와 브라흐만계층의 부당한 권위에 대한 반성과 자각이 사회변혁을 이끌었다. 사회변혁의 첨단에 사상의 변혁이 있었다. 이를 슈라마니즘이라 하는데 그 대표적인 것이 불교와 자이나교였다.

인도에서 반브라흐마니즘 사상이 일어나던 기원 전 6세기 무렵, 지중해 연안의 그리스에서는 소크라테스가 소피스트를 지양하고 합리주의라는 서양철학의 뿌리를 만들었고, 중국에서는 공자와 노장(老莊)이 등장하여 중국철학의 기초를 닦았다. 그리고 이웃 페르시아에서는 조로아스터교가 발흥했다. 이처럼 뚜렷한 상호 교류도 없이 세계의 여러 대륙에서 동시다발로 종교 사상의 변혁 움직임이 일어난 원인을 두고 아하, 그랬구나 하고 고개를 끄덕일만한 설명을 해 준 사람은 아직 없다. 역사 속에서는 비슷한 환경(원인)을 주면 비슷한 결과가 나온다는 사실만을 확인할 수 있을 따름이다.

## 5. 여섯 명의 사상가들(六師 外道)

기존의 사회 체제가 흔들리고 문화의 지각변동이 일어나는 시대에는 모든 것이 변화한다. 변화의 어머니는 혼돈이다. 춘추전국시대의 중국과 마찬가지로 인도에서도 기존 종교와 사상체계에 대한 회의와 함께 새로운 사상이 우후죽순처럼 만개하고 있었다. 끝없는 전쟁의 소용돌이 속에서는 믿을 것이 없기 마련이어서 저마다 옳다고 생각하는 바를 쳐들고 나온 것이다. 여기서 전쟁과 혼돈은 철학 사상을 낳고 문명, 문화를 발전시키는 온상이라는 역설이 성립된다. (6·25 한국전쟁을 통하여 한국인이 건져 올린 사상과 문화의 열매가 있었는지에 대해서는 확인된 것이 없다)

혼란기 인도에서 발흥한 수많은 사상을 일일이 다 소개할 필요는 없을

것이다. 다만 불교와 석가의 진리의 문으로 들어가기 위한 관문으로서 6
사외도(六師外道)의 사상에 대해서만 간단하게 살펴볼 필요가 있을 것이
다. '6사외도' 란 불교 이외의 사상(즉 외도) 중에서 손꼽을만한 여섯
스승이라는 뜻이다. 물론 이에 대한 기록은 불교의 〈사문과경(沙門果
經)〉에 소개된 단편적인 기록에 의존하는 것이므로 불교쪽에서 본 외도
의 사상이라는 시각적 한계가 있을 것이다. 그런 불교적 시각을 가능한
대로 무시하면서 6사의 사상을 간단히 살펴보면 다음과 같다.

먼저 노예의 아들 신분으로 주인집 소 외양간에서 태어난 푸라나 카사
파가 있다. 노예의 신분에서 탈출하기 위하여 도망치다가 붙잡힌 그는
옷을 압수당하고 평생 벌거벗고 살아야 했다. 벌거벗은 철학자 푸라나
카사파의 내면을 추리해 보는 것은 자유이나 사실에 대한 기록이 부족
하므로 우리는 드러난 그의 주장에 대해서만 살펴볼 수 밖에 없다. 그는
도덕을 부정했다. 예나 지금이나 도덕의 근간은 선인선과(善因善果), 악
인악과(惡因惡果)의 인과응보에 있다. 그러나 카사파는 선한 행위가 반
드시 행복을 가져다 주는 것은 아니며 악한 행위와 하늘의 징벌 사이에
필연적인 관계는 없다고 주장했다. 그가 주장하고 싶었던 것은 도덕 그
자체의 부정이 아니라 천형(天刑)의 굴레와 같은 카스트제도와 브라흐
만의 부당한 권위를 부정하고 싶었던 것이리라. 카사파의 주장에 굳이
이름을 붙이자면 '도덕부정론' 정도가 될 것이다.

파쿠다 카차야나는 인간을 형성하는 요소로서 지(地), 수(水), 화(火),
풍(風)의 4원소와 함께 고(苦), 낙(樂), 영혼(靈魂)의 7요소를 들었다. 일

곱 요소는 생명을 형성하는 돌기둥과 같은 것이어서 변하지 않는 것이며 브라흐만교가 강요하는 도덕은 실체가 없다고 주장했다. 카차야나 역시 브라흐만교가 강요하는 도덕의 실체를 부정함으로써 브라흐만교를 중심으로 구축된 기존 체제를 부정하고 싶었던 것인지도 모른다.

아지타 케사캄바린은 참된 실재는 지, 수, 화, 풍의 4요소 뿐이며 이 4요소가 어우러져 형성된 인간이라는 존재는 죽어 4요소가 흩어지면 소멸된다. 즉 사후에 남는 것은 아무 것도 없다고 주장했다. 도덕의 원천인 인과응보와 브라흐만의 위상 및 부모의 권위마저 그 근거가 없다는 이유로 부정했다. 영혼은 육체에 부속된 의식에 지나지 않으며 향락은 인생의 유일한 목적이다. 그리고 죽음은 고통으로부터의 해방이자 영원한 종말이다. 죽음을 넘어서서 영속하는 것은 아무 것도 없다는 유물론적 경향이었다. 이들 카사파, 카차야나 케사캄바린 등 3인의 주장을 엮어 차르바카학파라 하기도 하고 한문으로는 순세파(順世派)라고 부르기도 한다. '순세파' 란 '천박한 세상 사람들의 욕구와 주장을 그대로 따르는 학설' 이라는 뜻이다. 달리 표현하면 '세속주의' 인 셈이다. 도덕의 근간이 부정된 뒤이므로 당연히 인간이 추구할 행복은 현세의 쾌락이었다.

막칼리 고살라는 아지비카교(敎)라는 결정론적 교의를 만들었고 그를 추종하는 세력에 의하여 하나의 종교가 된 경우이다. 경전(沙門果經)에서는 이 부류를 '사명외도(邪命外道)' 로 지칭하고 있다.

고살라는 존재의 기본요소인 지, 수, 화, 풍 4요소 외에 허공과 영혼을 각각 별도의 요소로 파악하고 이어 득(得), 실(失), 고(苦), 낙(樂), 생(生),

사(死)라는 추상적 원리를 추가하여 12요소설을 주장했다. 물질적 요소 외에 추상적 원리를 추가한 것은 운명론적 결정론을 설명하기 위함인 듯하다. 예를 들어 득(得)은 내가 무엇을 얻는다는 뜻인데 얻기 전에 이미 얻는다는 원리가 작동하고 있었기 때문이므로 즐거워할 필요가 없다는 것이다. 실(失)과 생(生) 사(死)에도 같은 설명이 가능하다. 모든 것은 이미 결정되어 있기 때문에 인간이 노력하여 변화시킬 수 있는 여지는 없다. 그러므로 인간은 윤회의 수레바퀴에서 벗어나지도 못한다. 정해진 시간 윤회할 뿐이며 해탈을 했다면 그것 또한 정해진 운명에 의해서이다. 그렇다면 언제 어느 생에서 올지 알 수 없는 해탈을 위하여 인간은 왜 노력해야 하는가? 시지프스의 신화처럼 미지의 운명에 도전하여 절망을 반복하면서도 힘을 다하여 노력하도록 요구하는 비장한 가르침이 숨어 있는 학설이다.

산자야 벨라푸타야는 회의론자(懷疑論者)였다. 영원한 존재가 있는가 없는가 하는 문제, 내세의 문제, 선업과 악업의 과보 문제(도덕적인 문제) 등등 형이상학적인 문제에 대해 인간이 대답할 능력이 있는가? 하는 질문을 내놓고 스스로 대답한다. '그럴 능력은 없다'고. 이런 문제에 관한 한 판단중지(判斷中止)를 선언한 것이다. 산자야 벨라푸타야의 두 제자인 사리푸타(舍利佛)와 목갈라나(目犍連)은 뒷날 석가의 제자를 만나 문답을 해 보고 단박에 연기(緣起)의 진리를 깨닫고 석가의 제자가 된다. 이들 철학자, 수행자들이 석가라는 걸출한 영웅을 낳기 위해 그의 길을 예비한 역사의 장치처럼 보이는 까닭이 여기 있다.

니간타 나타푸타는 자이나교를 창시한 교조이다. 본명은 바르다마나, 왕족의 아들로 태어나 결혼을 하고 호화롭게 살다가 30세에 뜻한 바 있어 출가하는 대목까지 석가족의 왕자 고다마 싯달타와 흡사하다. 출가 후 2년간 고행과 명상을 거듭하고 옷을 완전히 벗어버린 후 벌거벗고 12년간 격심한 고행을 한 끝에 마침내 어느 한여름밤 완전지(完全知)를 얻어 수행을 완성한 승리자라는 뜻의 지나(Jina)가 되었고, 그런 그를 사람들은 마하비라(위대한 영웅)라고 불렀다.

마하비라는 베다 성전의 권위와 진실성을 부정했다. 브라흐만들이 독점적으로 행해 오던 제사의식을 부정했고, 제사 때 짐승을 희생의 제물로 바치는 것을 죄악으로 매도했으며 카스트제도를 부정하여 인간의 평등함을 주창했다. 그는 인간이 보편적으로 지켜야 할 도리와 법칙성을 7제(諦)로 정리했다. 불교의 4제8정도(四諦八正道)에 비견할만한 7제의 내용을 간단하게 살펴보면 다음과 같다.

(1)모든 존재하는 것에는 정신작용과 행동의 주체인 영혼이 실재한다. 업(業)에 의하여 성품이 가려져 있을 뿐 모든 존재는 본래 평등하고 청정하다.

(2)모든 물질은 원자로 구성되어 있으며 허공에 있는 원자를 움직이게 하는 것은 법(法 : 공간)과 시간이다.

(3)본래 청정한 영혼은 몸(身)과 입(口), 그리고 뜻(意)에 따른 비영혼의 유입으로 혼탁해 진다.

(4)유입된 비영혼의 미세한 물질은 분노(忿), 교만(慢), 집착(欺), 탐욕(貪)을 일으킨다. 이를 4탁(濁)이라 한다. 이렇게 하여 본래 청정하던 영혼은 업(業)에 의해 속박된다.(繫縛)

(5)업으로부터의 속박에서 벗어나려면 새로운 업의 유입을 막기 위해 살생하지 말 것, 진실한 말만 할 것, 도둑질하지 말 것, 음행하지 말 것, 무소유를 실천할 것 등 다섯 가지 계율(五大誓)을 지켜야 하고, 이미 쌓인 업을 녹이기 위해 고행을 해야 한다. 이것이 제어(制御)이다.

(6) 5대서를 실천하고 고행으로 수행하면 업의 속박이 없어진다. 지멸(止滅)의 단계다.

(7)지멸에 이르러 완전한 자유를 얻은 영혼은 마침내 본래 성품이 드러나서 세간을 넘어선 공간에 도달한다. 마지막 단계인 해탈(解脫)이다.


다른 선인들이 대개 유물론적 결정론이나 극단적인 회의론에 함몰되어 있었는데 비하여 마하비라의 경우 '해탈' 의 이상향을 제시함으로써 한 가닥 희망을 준 스승이었던 셈이다. 자이나교도 불교와 마찬가지로 마하비라의 사후 복잡한 철학적 체계로 발전해 나가는데 여기서는 초기 마하비라의 교설을 중심으로 살펴보았다. 자이나교의 교설을 길게 살펴보는 까닭을 눈 밝은 독자들은 짐작할 것이다. 불교, 즉 석가의 가르침과 유사한 대목이 너무나 많기 때문이다. 이로 미루어 석가는 하루 아침에 평지돌출로 우뚝 솟은 영웅이 아니라 인도인들의 유장한 사상적 흐름이 큰 물굽이를 이루면서 빚어낸 완성품인 것이다.

# 2. 고다마 싣달타

## 1. 불행했던 왕자

　우리가 석가라고 부르는 고다마 싣달타는 고대 왕정시대의 궁중에서 왕자로 태어난 사람이다. 고대 왕조의 왕은 무소불위의 신적인 권위를 지니고 극에 달한 영화를 누리는 존재로 알려져 있다. 왕자(그 중에서도 태자)는 왕에 버금가는 권위와 호사를 누렸다. 따라서 태자였던 고다마 싣달타를 두고 '복에 겨워 복을 차고 나온 왕자'로 보는 경향도 없지 않다. 그러나 실제로 그는 넘치는 복 때문에 겨워한 것이 아니라 온갖 시름에 겨운 후계자였다. 그의 자리는 과분한 부왕의 기대와 국민의 열망 때문에 잠 못 이루는 고통스러운 자리였다. 그가 계승하기로 예정된 왕국은 주변의 강대국에 언제 먹힐지 모르는 불안 속에 살아야 하는 작고 힘 없는 소국이었다. 부왕과 국민들이 출중한 왕자에게 거는 기대 또한 작은 소국을 강대한 나라로 만들어 달라는 터무니없는 소망이었다. 그런 고통을 잊어보려고 왕자는 주지육림에 젖어보지만 오히려 고통은 배가될 뿐이었다.

불타(佛陀), 혹은 석가모니(釋迦牟尼)로 불리는 고다마 싣달타는 히말라야 산록의 작은 부족국가인 샤카족(釋迦族)의 소국 카필라바스투에서 왕자의 신분으로 태어나 젊은 시절을 보냈다. 아버지 슈도다나(淨飯王)와 어머니 마야부인 사이에서 태어난 장남이었다. 자이나교의 창시자인 마하비라와 거의 동시대인 기원 전 6세기 무렵에 활동했으나 마하비라보다는 조금 늦게 출생했다.

그가 태어난 곳은 오늘날 네팔의 남부 인도와의 접경지역에서 가까운 룸비니였다. 만년설을 이고 있는 히말라야의 준봉들이 겹겹이 물결치며 병풍처럼 북쪽의 냉기를 막아주는 덕택에 사철 따뜻한 태양이 비치고 비옥한 대지에는 꽃이 만발하여 그야말로 낙원 같은 곳이다(숲속에 뱀이 많은 단점만 빼고). 어머니 마야부인이 태기가 있어 아이를 낳으러 친정으로 가는 길에 룸비니동산의 나무 아래서 출산했다고 한다. 길에서 낳은 '길판이' 였다. 마야부인의 옆구리로 태어났다는 등 태어나자마자 일곱 걸음을 내딛고 "천상천하유아독존(天上天下唯我獨尊)" 이라는 탄생게(誕生偈)를 읊었다는 등의 탄생설화는 그냥 덮어두기로 한다.

싣달타가 태어나자 아시타라는 예언자가 말하기를 "이 아이가 성장하여 왕이 된다면 온 세계를 다스릴 전륜성왕이 될 것이며 출가하여 수행하면 위대한 각자(覺者)가 될 것" 이라고 예언했다. 슛도다나왕으로서는 당연히 세계를 다스릴 왕이 되어주기를 원했다. 싣달타 왕자가 소국의 왕자로서는 분에 넘칠 정도로 호사스러운 궁중생활을 할 수 있었던 것도 아버지 슛도다나왕이 아들의 관심사를 현실세계에 붙들어놓기 위해 벌인 필사적인 노력의 결과였다.

그 무렵 인도는 전란 중이었다. 오랜 전란 속에서 약자는 강자에게 먹히고 강자는 다시 그보다 더 강한 나라에 먹히는 전방위 전쟁이 일어나고 있었는데 그 와중에 패자(覇者)가 모습을 드러내고 있었으니 가장 강한 나라는 왕사성(王舍城)에 수도를 둔 마가다국이었다. 샤카족의 부족국가도 머지않아 강대국의 하나인 코살라국에 정복 당할 위기에 놓여있었다. 고다마 싣달타는 이런 위기의 소국에서 장차의 후계자 신분으로 태어난 것이었다.

불교 신도들이 오해하고 있는 것처럼 싣달타가 호화로운 궁전에서 근심 걱정 없이 살았던 것은 아니었다. 비록 아버지 왕이 다스리고 있었으나 젊은 왕자의 나날은 고통의 연속이었을 것이고 코살라국의 무력 앞에 노출된 소국의 미래는 바람 앞의 등불 같은 존재였으니 왕자라고 뭐 그리 호사스러울 수가 있었을까. 오히려 반대였을 것이다. 물론 먹고 입고 사는 수준은 보통 사람들보다 월등 나았을 것이나 마음 속은 지옥이었을 것으로 짐작된다.

불교의 종교적 설화는 싣달타 왕자의 소년기, 청년기의 생활이 호사의 극치였다고 설정해 놓고 있다. 덕스럽고 인자한 부왕, 아름답고 마음씨 고왔던 모후(친모는 출생한지 이레만에 사망하고 이모가 어머니 노릇을 했다), 예쁜 아내와 귀여운 아들, 장차 왕으로 등극할 운명의 탄탄한 미래, 나무랄 데 없는 조건 속에서 싣달타 왕자는 왜 어느 날 갑자기 왕성을 나서서 거지보다 못한 혹독한 고행을 자초했을까. 설화에 의하면 왕성의 4대문을 나서다가 생로병사(生老病死)의 고통을 확인하고(四門遊觀) 마음 속에 일어나는 의문을 풀기 위하여 사문의 길에 나선 것이라고 한다. 그러나 이 설화는 너무나 허점이 많아 유치원만 졸업해도 금방 '꾸며낸 이야기' 임을 알아차릴 정도다.

왕자의 외형적인 삶은 '고통' 과는 거리가 멀었다. 우선 석가모니 자신이 사밧티 교외 젯타숲의 기원정사(祇園精舍)에서 비구들을 상대로 왕성에서 살던 때를 담담하게 회상하며 말한 대목이 〈중아함경〉(제29 '유연경(柔軟經)' 에는 이렇게 기록되어 있다.

"비구들이여. 내가 아버지 집에 있을 때는 매우 행복했었다. 나는 고(苦)라는 것을 전혀 모르고 살았다. 아버지의 집 정원에는 커다란 연못이 있어 청련(靑蓮), 홍련(紅蓮), 백련(白蓮)이 피어 있었다. 나의 방에는 언제나 카시국에서 나는 고급전단향내가 그윽했고, 나의 의복은 속옷도 겉옷도 모두 카시국의 특산품이었다. 내가 밖에 나갈 때는 비나 이슬, 그리고 더위나 추위를 막기 위하여 늘 백산(白傘)이 받쳐졌다. 또 내게는 겨울용 별장과 여름용 별장, 그리고 봄철용 별장이 따로 있었다. 다른 집에서는 하인이나 일꾼들에게 조밥(糠食)에 소금국을 주는 것이 예사였으나 나의 아버지 집에서는 이들에게도 쌀밥과 고기국을 주었다.

비구들이여. 나는 그처럼 행복했고 고통을 몰랐지만 이런 생각을 했다. '어리석은 인간들은 스스로 늙어가면서도 자신이 늙어가는 사실을 깨닫지도 못하고 남이 늙는 것을 보고 오히려 혐오한다. 나 또한 늙어가는 몸이다. 아직 늙어가는 것을 면할 길을 모른다. 나 역시 늙음을 면할 길도 모르고 늙어가면서도 남이 늙는 것을 보고 혐오해도 되는 것인가? '비구들이여. 생각이 여기에 미치자 내 청춘의 교만은 하찮은 티끌처럼 부서지고 말았다.'"

호의호식 영화의 극치 속에 살다가 자신이 늙어가고 있다는 사실, 그리고 늙어가는 데 대해 아무런 대책이 없다는 사실을 깨닫고 '이대로 살 수 없다'는 결심을 굳히게 된다는 얘기다. 그러나 우리는 싣달타 왕자의 고통이 생로병사의 자각에 따른 고통 이상의 그 무엇이 있었을 것으로 짐작한다. 최상급의 옷감으로 옷을 해 입고, 철마다 다른 별장에서 아름다운 여인과 맛있는 음식에 둘러싸여 살았다. 그래서 고(苦)와는 담을 쌓고 살았다는 얘기였다. 그러나 그것은 궁중 생활의 표면일 뿐이었고 내면에는 '청춘의 교만이 티끌처럼 부서지는' 고통이 있었던 것이다. 생로병사에 따른 근원적인 고뇌에 더하여 전쟁의 공포와 왕국의 미래에 대한 위기의식과 불안이 이 영특한 왕자의 뒤통수를 짓누르고 있었으리라. 태어난지 7일만에 어머니 마야부인이 산후병으로 타계하였으니 그 어머니의 죽음에 대한 생각이 청년 싣달타를 사로잡고 있었으리라는 것도 짐작하기 어렵지 않은 일이다.

그런 의미에서 부족국가인 소국의 왕자 싣달타의 소년기와 청년기는 겉모습과는 달리 불행의 극치였다. 왕국의 미래는 암담했고 부왕의 목숨은 보장되지 않았다. 예쁜 마누라와 귀여운 아들의 미래 또한 예측하기 어려웠다. 그는 불안했고 자신의 무능에 대한 자학으로 밤을 지새워야 했다. 이게 뭐냐? 의문이 일어났고 그 의문은 궁극적인 질문으로 이어졌다. 왜 사느냐? 고통은 삶의 본질인가? 아무도 가르쳐주지 않았다. 스승을 찾아 나서기로 했다. 그럼 처자식은 어떻게 하나? 드높은 경지에 이르고 깨달음을 얻은 후 그 길로 인도하리라. 사랑하는 사람들을 무명 속에서 헤매지 않게 하기 위해서도 출가 수행은 피하지 못할 과제로 등장했다. 그의 나이 29세 때였다.

싣달타의 출가 동기는 다른 측면에서 살펴 볼 수도 있다. 인도 사람들은 수자(數字)를 좋아한다. 좋아하는 정도가 아니라 수자를 넣지 않으면 아무 것도 설명하지 못할 정도로 수자에 미쳐 있다. 석가도 인도 사람이기 때문에 이런 특질에서 예외일 수는 없다. 지금까지 나온 이야기 중에서만 살펴보아도 12요소, 5대서, 7제, 4제8정도 등 일일이 열거하기 어려울 정도다. 그 중에는 타당하다고 고개가 끄덕여지는 것도 있으나 어떤 것은 '너무 작위적이다', '사고가 수자에 함몰되어 경직돼 있다' 는 느낌을 주는 경우도 많다. 그 중에서도 압권은 인생을 4단계로 나누는 방식으로 아슈라마라고 한다. 베다시대의 유물이기는 하지만 인도인들의 생활에 두고두고 영향을 미친 아슈라마는 인간의 수명을 길게 잡아 100년으로 보고 이를 네 개의 단계로 구분하고 있다.

먼저 100년의 4분의 1인 25살까지는 스승의 밑에서 베다를 비롯한 학문을 익힌다. 물론 베다를 배울 수 있는 계급은 브라흐만 계급과 크샤트리아, 드물게는 바이샤에 국한되고 맨 하층의 수드라계급은 베다의 근처에도 얼씬하지 못한다. 스물 다섯까지는 공부하는 시기다. 요즘 젊은 이들의 재학기간과 크게 다르지 않다.

공부를 마친 청년은 집으로 돌아와 결혼하고 아이를 낳아 종족 보존의 임무를 수행하고 인간으로서의 각종 즐거움을 누린다. 50살 까지가 여기에 해당한다. 자식을 길러 출가시키는 등 사회적 임무를 수행하는 시기다.

50이 지나면 은둔기에 들어간다. 집을 떠나 (경우에 따라서는 부인과 함께) 숲속으로 들어가 고행을 하는 등 종교적 수행에 전념한다. 마지막으로 은둔기를 지나 75세가 되면 철저한 무소유가 되어 모든 것을 버리고 유랑에 들어간다. 유랑을 통해 세상에서의 인연을 정리하고 해탈의 자유를 맛보는 시기다. 그렇게 버리고 떠나는 것으로 인생의 막을 닫는다.

인생을 100년으로 잡은 것, 일생을 4단계로 분류한 것 등이 작위적이기는 하지만 삶에 대한 인도인들의 태도를 보여주는 중요한 전범인 것만은 분명하다. 고다마 싣달타는 보통 사람들이 '종족보존의 임무를 수행하고 인생의 즐거움을 누리는' 그 나이에 거꾸로 다 버리고 해탈하여 고통에 시달리는 중생들을 가르쳐 해탈의 길로 인도하는 길잡이이자 대스승으로서의 역할을 수행한다.


## 2. 출가(出家) - 무자비한 단절

인도에서 출가 수행하는 사람을 만나는 것은 드문 일이 아니다. 전쟁으로 피폐해진 기원 전 6세기 무렵의 인도 땅에서는 곳곳에서 거지나 다름없는 남루한 행색의 구도자들을 볼 수 있었고, 그들 중에는 아무 것도 걸치지 않은 벌거벗은 성자들도 있었다. 석가가 큰 깨달음을 얻은 뒤에 한 도시에서 설법을 했을 때 듣고 있던 무리 중 한 사람이 말하기를 "우리 마을에는 수많은 현자들이 다녀갔습니다. 그들은 저마다 자신만이 옳고 다른 사람은 그르다고 말했는데 정말 누가 옳고 누가 그른지 말해 주십시오." 하고 요청한 것으로 보아 자칭 타칭의 성자들이 몰려 다니면서 서로 자기 주장을 펴고 가르침을 베푸는 광경을 상상해 볼 수 있다. 앞서 살펴본 아슈라마에서도 출가 수행은 남자가 당연히 해야 할 임무 중의 하나였다.

그러나 이처럼 수많은 인도 남자들이 수행을 위해 집을 나섰으나(出家) 그들이 모두 '깨달은 자(覺者)' 또는 '성자(聖者)' 나 '영웅(英雄)' 이 된 것은 아니었다. 같이 집을 나서서 수행의 길을 갔는데도 누구는 대각(大覺)을 얻고 불타가 된 반면 누구는 얻은 것 없이 빈손으로 다시 집으로 돌아간 것은 어찌된 까닭일까? 그 차이는 출가 수행자의 마음 자세에 있었다.

출가 사문(沙門)이 마음 한 구석을 두고 온 집과 처자식에 두고 돌아갈 날만 꼽고 있거나, 수행 그 자체를 먹고 사는 방편으로 활용하는 경우도 있었다. 석가도 이런 사정을 누구보다 잘 알았기 때문에 젊은 수행자들에게 출가의 진정한 뜻을 알고 마음이 흐트러지지 않도록 다짐하는 말을 자주 했다.

"수행자들이여. 출가하여 걸식생활을 하는 것은 가장 낮은 생활이다. 그러나 수행자들이여. 훌륭한 사람들이 굳이 이런 생활을 하는 것은 거룩한 까닭이 있기 때문이다."

거룩한 까닭, 즉 대발심이 없다면 이런 생활, 걸식 생활을 할 필요가 없다고 석가는 갈파하고 있었다. 대체 얼마나 고통스러운 생활이기에 하지하(下之下)의 생활이라고 말했을까. 율장대품(律藏大品)에 나와 있는 '출가자를 위한 네 가지 지켜야 할 것(四依)'을 통해 그들의 행색과 행태를 살펴보자.

4의란 걸식(乞食), 분소의(糞掃衣), 수하좌(樹下座), 진기약(陣棄藥)의 네 가지를 일컫는 말이다.

먼저 걸식(乞食)은 거지처럼 얻어먹는 행위, 즉 동냥으로 연명하라는 것이다. 위의 4의는 해도 좋고 형편이 나아지면 안 해도 되는 그런 선택 사항이 아니라 "명(命)이 다할 때까지 지켜야 한다"고 못박고 있다. 석가 자신도 출가 수행 기간은 물론이고 깨달음을 얻어 제자와 대중들에게 가르침을 펴던 시기에도 한결같이 동냥으로 먹고 살았다.

분소의(糞掃衣)는 글자 그대로 하자면 '똥 닦은 옷'이다. 남이 버린 헝겊으로 지은 옷을 말한다. 정확하게 말하면 '걸레로 만든 옷'이다. 요즘 말로는 '누더기'가 되겠는데 요즘 스님들은 일부러 성한 옷감을 잘라 누덕누덕 기워서 입는 경우가 많으니 이는 자기 자신과 다른 사람을 한꺼번에 속이는 행위다. 어쨌든 인도의 수행자들은 걸레 같은 옷을 걸치고 살았다. 물론 출가한 석가의 모습도 그랬을 것이다.

수하좌(樹下座)는 집을 따로 두지 말고 나무 아래서 살아야 한다는 뜻이다. 굳이 나무 아래에서만 살아야 한다는 뜻이 아니라 돌 위나 흙, 동굴 따위의 천연적인 공간에서 살아야 한다는 것이다. 인도의 자연적 조건에서는 그런 일이 가능하다. 그러나 사철의 변화가 뚜렷하고 가을에서 겨울까지 추운 날씨가 계속되는 한국에서는 불가능한 일이다. 대자연 속에서도 움막을 짓거나 동굴 속에 풀섶이라도 깔아 바람과 추위를 막아야 수행도 하고 생존이 가능하다. 그러나 일부 스님들이 '토굴'이라는 고풍스러운 이름으로 호화 별장 같은 집을 지어놓고 사는 것은 불제자로서의 올바른 자세라고 보기 어렵다.

진기약(陳棄藥)은 버리는 물질, 즉 대소변을 약으로 쓰라는 말이다. 수행자는 병이 들고 몸이 아파도 의원을 찾아서는 안 되고 대변이나 소변 같은 버리는 물건을 약으로 쓰라는 말이니 아예 약에 의존하지 말라는 말이나 같다.

이제 카피라성을 나온 싯달타의 행색을 대충 짐작할 수 있게 되었다. 무엇을 먹고 무엇을 입으며 어디서 기거하는지 따위를 아는 것보다 더 중요한 일이 있다. 출가 수행자, 즉 싯달타의 마음 자세다. 왕성에는 사랑하는 마누라와 태어난지 얼마 안 되는 귀여운 아들이 있다. 돌아가기만 하면 호의호식하고 권력을 휘두를 수 있는 왕자(태자)의 지위도 있다. 그러나 그는 뒤돌아보지 않았다. 일단 왕성을 벗어나 사문의 길에 들어서면서 그는 세간의 모든 인연을 칼 같이 끊었다. 이것도 저것도 아닌 우유부단하고 어정쩡한 태도는 석가가 가장 싫어하는 것이었다. 그는 단호하게 끊었다. 그러지 않았다면 대각에 이르는 길을 걷지 못했을 것이고 불교 또한 세상에 나오지 못했을 것이다.

대각의 길 그 첫걸음은 '철저하게 끊는' 것이었다. 이 첫걸음이 철저하지 못하고 미적지근하면 다음 단계에서 제아무리 오랜 세월 고행을 해도 얻는 것이 없다. 무릇 후세인들이 석가에게서 배움을 얻고자 한다면 이 범상치 않은 첫걸음부터 배워야 할 것이다.


## 3. 고행(苦行) - 무소의 뿔처럼 혼자서 가다

불가(佛家)에서는 스승의 가르침과 지도 없이 혼자 수행하여 깨달음을 얻은 사람을 '독각(獨覺)' 이라 하고 그 깨달음이 완전치 못하고 위험하다고 경고한다. 그러나 이것은 평범한 사람들에게 주는 경고일 뿐이고 대개의 위대한 각자들은 독각이었다. 누구도 가지 못한 길을 불퇴전의 용기로 나아가 천지가 열리는 경지를 터득한 사람, 그런 사람을 영웅이라 한다면 석가야말로 영웅 중의 영웅이었다.

그러나 그도 처음부터 홀로 걷기를 한 것은 아니었다. 인도 천지에는 수많은 스승들이 있었고, 함께 수행하는 도반(道伴)들이 있었다. 기원전 6세기 경, 그 무렵 인도는 브라흐마니즘(婆羅門敎)의 형식적이고 위선적인 제의에 대한 반동으로 극단적인 고행으로 해탈에 이르려는 수행법이 대유행을 하고 있었다. 싣달타도 그 영향을 받아 고행으로 해탈에 이른다고 가르치는 스승을 찾아 가르침을 청하고 스스로 고행을 시작했다. 수행자의 4의에서 보듯 조악한 식사, 남루한 의복, 자연 그대로의 주거공간, 병이 들어도 약에 의존하지 않는 것 등은 기본이고 육체를 극한에 내맡기고 업이 소진될 때까지 인내하면서 정신이 최고의 경지에 오

르기를 기다렸다. 이 때의 석가의 모습이 〈출가경(出家經)〉에는 아난다
의 서술에 의하여 이렇게 운문으로 기록되어 있다.


　　　마가다국, 산으로 둘러싸인 성,
　　　붓다는 라자가하(王舍城)로 가셨다.
　　　거룩한 모습으로
　　　동냥을 얻으러 그 성에 이르렀다.


　　　높은 누각으로 세운 마가다국
　　　빈비사라왕이 세존을 보았다.
　　　풍채 수려한 붓다에게 눈길 모으고
　　　시위한 신하에게 분부하니,


　　　보라, 저 사람을.
　　　그의 모습 아름답고 안색 맑으며
　　　걸음걸이 유유하여 옹색치 않으며
　　　그 눈은 한 길 앞만 보네.


　　　사념에 젖어 땅만 보고 가는 저 사람,
　　　천한 집 태생은 아니리라.
　　　급히 사람을 보내어

그가 어디로 가는지 어디서 사는지 알아보라.


왕의 사자가 석존이 있는
산속의 동굴을 확인하고 돌아와 고했다.


대왕이시여, 그 수행자는
반다바 산 기슭의 굴에 들어가
마치 범처럼 황소처럼, 사자처럼
앉아 있습니다.


이에 빈비사라왕은 몸소 동굴로 찾아가
석존과 마주앉았다.
빈비사라왕이 말했다.


그대 아직 젊어 겨우 인생의 초입에 이른 몸.
또 풍요로운 청춘을 지녔고
유서 깊은 크샤트리아가 분명한데
내 그대가 바라는 직위를 주리니,
나의 휘하에 들어와 전사의 영예를 누리라.
먼저 묻노니 그대 자신을 말하라. 어디서 온 누구인가.

왕이여, 저 히말라야 산 기슭에

예로부터 코살라국에 속하여

재보와 용기를 겸비한

단정한 부족 있으니

그 부족은 '태양의 후예'인 샤카족.

나는 그 집안에서 후계자로 태어나 출가했으니

현세의 욕망과 직위를 구하고자 출가한 것은 아니며

오히려 온갖 욕망의 보(報)를 꿰뚫어 알고 있으므로

헤매임에서 벗어나 욕망에서 떠남이 평온을 찾는

길임을 믿어 내 갈 길을 가고자 합니다.


마가다국 빈비사라왕과의 문답을 통해 석가의 수행하는 모습이 확연하게 드러난다. 먹지 못하여 비쩍 말랐으나 두 눈에서는 형형한 광채가 흐르고 온몸에서 범접하지 못할 위엄이 풍겨나오는 사문의 모습이다. 왕이 간절한 마음으로 제국 건설에 동참하여 영화를 누리자고 청했으나 그는 정중하고도 단호하게 거절한다.

그 무렵 마가다국은 떠오르는 신흥 세력이었다. 수도 라자가하(왕사성)를 중심으로 브라흐마니즘을 부정하는 사문들이 모여들었으므로 이 나라는 문화적으로도 브라흐마니즘에 반대하는 신흥 세력의 집결지였다. 특히 수도 왕사성이 그랬다. 석가가 출가하자마자 사사했던 두 스승 아라라 카라마라와 웃다가 라마붓다 두 사람도 일단의 사문들을 이끌고 반 브라흐마니즘을 주창하며 고행하던 지도자들이었다. 그들이 마가다국에 머물고 있었기 때문에 자연 석가도 마가다국에서 수행하고 있었던 것이다.

그 무렵의 수행자들은 오랜 전란으로 인하여 기존의 가치관이 무너지고 영혼의 존재와 영속하는 사후세계를 모두 부정하는 극단적 유물론이 득세하면서 염세주의와 향락주의의 양극을 오가고 있었다. 석가와 자이나교 창시자인 마하비라도 물질과 감각 이외에 영속하는 실재가 없다는 유물론자의 주장에 영향을 받았다. 그러나 그래서 어쨌단 말인가? 석가는 영속하는 실재가 없으니 도덕의 준거도 없으므로 쾌락에 젖어 살아야 한다는 쾌락주의에도 휩쓸리지 않았고, 극단적인 염세주의에 빠지지도 않았다. 양극단을 모두 지양하고 새로운 인류의 이정표를 만들어 나간 것, 그가 영웅인 진정한 이유가 여기 있었다.

싯달타가 먼저 찾아간 수행자는 아라라 카라마라였다. 카라마라의 수행 목표는 무소유처(無所有處)였다. 히말라야의 설산에서 몸이 뻣뻣하게 굳어지도록 육신을 학대했다. 호랑이가 어슬렁거리는 숲 속 바위에 태산처럼 앉아 있을 때도 있었다. 석가는 스승의 지도에 따라 수행하기를 1년여 만에 이윽고 스승의 경지에 이르렀다. 스승은 기뻐했다. 그러나 석가의 마음은 기쁘지 않았다. "이것이 아니다" 하고 생각하자 그는 스승의 곁을 말없이 떠났다.

다음으로 찾아간 사문은 웃다가 라마붓다였다. 라마붓다의 수행 목표는 비상비비상처(非想非非想處)였다. 석가는 다른 사람들이 따를 수 없는 발심과 노력으로 곧 스승이 이른 경지에 도달했다. 라마붓다는 기뻐했다. 그러나 이번에도 석가는 기쁘지 않았다. 도달하고자 하는 최종 목표가 아니었기 때문이었다.

베다시대, 아리안족이 인도의 서북 회랑으로 들어와 인다스강의 다섯 지류 사이 비옥한 편잡지역에 정착하여 문명을 일구던 시절을 베다시대라 하고 이 때의 인도 문화는 신들이 지배하고 있었다. 세상에는 신들이 득실득실했다. 모든 것은 신의 존재로 설명됐다. 신화의 시대였다. 그 반동으로 우파니샤드 시대가 열렸다. 오랜 전쟁으로 인민의 삶은 피폐해지고 전쟁의 영웅들인 왕의 권한이 강화됐다. 문화의 주도권도 브라흐만에서 크샤트리아로 넘어갔다. 지역적으로도 인다스강 유역에서 간지스강 유역으로 중심이 옮겨졌다. 신들의 존재에 대한 회의가 싹트고 신들의 권위는 부정됐다. 그 자리에 세계의 원인인 그 무엇 즉 브라만(梵)이 등장하고 이에 상응하는 아트만(眞我)이 설정됐다. 개인의 행복은 아트만과 브라만의 합일에 의하여 성취된다고 믿었고, 모든 수행은 범아일체(梵我一體)의 경지에 도달하기 위하여 행해졌다. 석가의 고행도 처음에는 그 길이었다.

그러나 석가는 혁명적인 사람이었고 영웅이었다. 영웅은 대충 넘어가는 법이 없는 사람을 일컫는다. 먼저 지금까지 6년 동안 여러 스승들과 사문들을 찾아다니며 그들로부터 수행의 방법을 배우고 그들이 도달한 경지에 도달해 보았으나 그게 모두 허망한 것임을 알았다. 이런 경지에 도달하기 위하여 그리 고행할 필요가 있었을까, 하는 의심도 들었고, 이런 경지로는 고통에 빠져 있는 중생을 건질 수 없다는 한계를 절감했다.

우주만상을 꿰뚫는 지혜를 얻지도 못했고, 해탈 자유의 큰 깨달음에 이르지도 못했으며 적정열반에 들지도 못했다. 얻은 것은 아무 것도 생각하지 않는 무위의 작은 만족 뿐이었다. 이들 두 사람의 스승은 석가에게 대체 어떤 사람으로 비쳤을까? 이런 의문에 대한 간접적인 대답을 〈장아함경(長阿含經)〉 중 〈노차경(露遮經)〉은 이렇게 전해준다.

부처님께서 구살라국 사라바제 바라문 마을 북쪽 시사바숲 속에 계실 때 노차바라문이 공양을 청해 왔다.

노차 바라문은 7대에 걸쳐 부모를 공양해 온 가문으로 스스로 3부 베다에 정통하고 제례의식에 능통한 사람으로 부처님께서 발심 출가하여 성도하고 포교하고 다니신다는 말씀을 듣고 마음 속으로 진실로 공경하고 있었다.

그런데 그는 막상 부처님을 청해놓고는 이런 생각을 하였다.

'사문, 바라문들은 자기가 깨달은 경지가 있더라도 남에게 이야기하지 않고 오직 침묵할 뿐인데, 오히려 이야기하게 되면 새로운 감옥을 만들게 되어 탐악한 법을 만들지는 않을까.'

그러나 부처님은 청한대로 대중들과 함께 가서 전통 음식을 먹고 발우를 씻고 손을 씻었다. 노차바라문은 작은 평상을 가져와 부처님 앞에 놓고 어제 저녁에 나쁜 소견을 내었던 것에 대하여 말씀 드렸다. 그러자 부처님께서는 다음과 같이 말씀하였다.

"세상에는 세 부류의 스승이 있다. 첫째 부류는 수염과 머리를 깎고 3의를 입고 집을 나왔으나 그 목적을 달성하지 못한 사람들이다. 이것은 묵은 감옥을 부수고 새 감옥을 지은 격이니 탐착의 스승이다.

두 번째 부류는 첫 번째보다는 낮지만 아직 완전한 경계에 이르지 못해 남의 의지사가 될 뿐 독립자증한 경지에는 이르지 못한 사람들이다.

세 번째 부류도 마찬가지다. 현상계, 율계, 의계, 시계사(時戒師)가 될 뿐 완전한 스승은 되지 못한 사람이다.

그러나 어떤 사람은 수다원향을 통하여 수다원과를 얻고 사다함향을 통하여 사다함과를 얻고 아나함향을 통하여 아나함과를 얻고 아라한향을 통하여 아라한과를 얻는 것이다.

하물며 이러한 과를 얻지 못한 사람이 설사 하늘나라에 난다 하더라도 온전히 태어날 수 없을 것이며 설사 태어난다고 하더라도 복을 다하지 못하여 타락하지 않겠는가. 생각해 보라."

노차 바라문은 큰 깨달음을 얻고 환희하여 3귀 제자가 되었다.


앞의 경전에서 밝힌 스승의 부류에 대한 석가의 생각은 곧 석가 자신이 겪은 스승의 상일 수 있고, 당시 저마다 일가를 이루었다고 하던 사문들에 대한 일반적인 평가이기도 했다.

석가는 스승으로 삼았던 라마붓다의 곁을 떠났다.

"내가 원하는 것은 궁극의 도이며 최상의 도이다. 거기에 이른 사람은 아무도 없다. 그러므로 배울 데가 없다. 안타깝지만 이게 현실이다. 나는 혼자서 가야한다."

그가 스승 라마붓다의 곁에서 떠나자 라마붓다의 문하에서 함께 수행하던 다섯 명의 도반이 따라 나섰다.

"형제여, 왜 떠나십니까?"

그들 중 한 사람이 물었다.

"스승(라마붓다)은 훌륭한 분입니다. 그분의 도는 내가 만난 도인들 중에서는 최상의 경지에 오른 것이 분명합니다. 그러나 아직 아닙니다. 나는 위 없는 진리를 원합니다. 완전한 해탈을 원합니다. 그래서 떠나는 것입니다."

"그렇다면 형제여,"

그 사람은 서둘러 말했다.

"우리도 당신과 함께 가도록 허락해 주시오. 당신이 하는대로 우리도 함께 수행하도록 허락해 주시오. 왜냐하면 형제여. 우리는 당신이 위 없는 진리에 도달할 것을 확신하고 있기 때문입니다."

"혼자 가야하는 길입니다."

석가는 대답했다.

"나는 누구를 가르칠 입장이 아닙니다. 당신들은 당신들의 길을 가십시오."

"그럼 약속해 주십시오."

그들은 물러서지 않았다.

"당신이 위 없는 진리를 깨달았을 때 가장 먼저 우리들에게 그 진리를 가르쳐 주겠다는 약속을 해 주십시오. 그럼 물러나겠습니다."

"약속합니다. 그렇게 하지요. 그러나 형제들이여. 당신들 스스로 그 진리를 찾게 되기를 바랍니다."

"우리도 물론 그걸 바랍니다. 그러나 우리는 당신이 그 진리에 도달할 것을 확신합니다. 약속을 지켜주시리라 믿습니다. 부디 대각에 이르시기를."

석가는 마가다국의 여러 지방을 돌아다녔다. 유행(遊行)이 곧 수행(修行)이었다. 길에서 그는 많은 사람들을 만났고 많은 것을 보았다. 카피라성에 있을 때 보지 못했던 것을 보았고, 두 사람의 스승 밑에서 수행할 때 보지 못했던 새로운 것을 보았다. 많은 사문들과 만나 토론도 벌였다. 사문들과 만나 토론을 할 때마다 그들의 생각이 뾰족한 송곳처럼 극단에 치우쳐 있는 것을 보았다. 그거야말로 '새로운 감옥'이었다. 언어의 감옥, 논리의 감옥, 믿음의 감옥에서 자유로운 사람은 한 사람도 없었다.

길고 끝없는 고행이었다. 그는 다시 히말라야 산속 깊이 들어가 일찍이 사람의 발길이 닿지 않았던 설산에서 눈을 먹으며 선정에 들었다. 누더기 옷은 헤어져 아무 것도 입지 않은 것과 같았다. 서쪽 편잡에서 동쪽의 간지스강까지 그의 발길이 닿지 않은 곳이 없었고, 사문들 중 만나지 않은 사람이 없었다. 칼라마의 문하에서 1년, 라마붓다의 문하에서 1년, 그리고 홀로 고행하기를 4년이라는 세월이 흘렀다. 카피라성을 떠난지 6년이 지났다. 그의 육체는 말라 기력이 다해갔고 젊음은 소진되어 내일 당장 세상을 하직할 늙은이 같은 모습이었다.

"이건 아니다."

그는 소스라치게 깨달았다. 육체를 학대하는 만큼 정신이 맑고 밝아진다는 생각은 크게 잘못된 것이었다. 진리는 삶을 부정하는 데서 나올 까닭이 없었다. 그에게는 희미하게 떠오르는 새벽 빛 같은 것이 보였다. 이 생각을 잡고 놓지 않으리라.

명상하기 좋은 장소를 찾아 다니던 석가는 어느 날 우루벨라 마을의 세나라는 부락에서 발길을 멈추었다. 맑고 아름다운 강이 마을을 감싸고 흐르고 있었고 뒤로는 온갖 열매가 열려 있는 숲이 있었다. 강가 낮으막한 언덕 위에 보리수나무가 팔을 한껏 벌리고 그늘을 드리우고 있었다. 나무 아래는 평평하고 향기로운 흙이었다. 그 나무 그늘이 석가의 발길을 멈추게 했다.

"여기다."

그는 한눈에 알아차렸다.

"나를 위해 누군가 만들어둔 자리 같구나. 번뇌를 완전히 멸하고 위 없는 도를 얻기 전에는 결단코 이 자리를 떠나지 않겠다."


## 4. 수행(修行) - 중도(中道)의 길

석가모니의 깨달음과 가르침을 근간으로 하는 불교에서는 일찍부터 2원론을 극복하고 1원론의 입지에 서 있었다. 마음과 육신(色)을 구분할지라도 기능상 구분하는 것이지 본질적으로 다르다고 보지는 않는다. 그러나 기능상으로 볼 때 우리의 마음과 육신은 확연하게 다르다. 이것마저 부정할 수는 없다.

마음은 본래 청정하다. 그러므로 마음은 그 자체가 부처이다. 마음이 오염되는 것은 대개 육신의 한계와 성정 때문이다. "마음을 오염시키는 주범을 제거하고 앎에 낀 거품을 빼고 마음을 비우면 행복지수가 높아진다. 마음 비우는 과정이 수행이다"(慧日〈부다 수행법〉)

그럼 '마음'은 대체 뭐냐? 불가에서는 이 '마음'이라는 용어를 함부로 남용하거나 오용하는 사례가 많아 정리할 필요가 있지만 그것은 다른 기회로 미루고 일단 전통적으로 인도의 종교인들이 마음의 청정을 회복하기 위한 과정을 수행이라고 생각했고, 불교 또한 그 같은 출발점 위에 서 있는 것만은 분명하다고 하겠다.

물론 수행은 불교의 전유물이 아니다. '수행의 종교'인 불교와는 달리 '은혜와 기도의 종교'인 기독교에서도 수행은 중요한 과정으로 삼고 있는 것을 볼 수 있다. 유럽의 곳곳에 고색창연한 모습으로 남아 있는 옛 수도원에 가 보면 수사(修士)들이 벌집처럼 생긴 작은 방에서 마음을 집중하여 기도하고 묵상했던 현장을 볼 수 있다. 그것이 기독교 나름의 수행이었던 것이다. 오늘날 우리나라에서도 웬만한 교회마다 가지고 있는 깊은 산 속의 기도원들도 세속의 번잡을 떠나 마음 모아 기도하고 묵상하기 위한 공간인 것이다. 즉 수행처다.

오늘날 대한민국의 불교도들에게는 수행이 곧 선(禪)으로 인식될 정도로 선의 비중은 절대적이다. 이는 한국 불교가 선불교이기 때문에 자연스럽게 형성된 관념이다. 그렇다고 불교의 수행방법이 선 수행 뿐이라고 착각하면 곤란하다. 우선 선종이라는 불교종파가 중국의 여러 불교 종파 중 하나일 뿐이니 선이 곧 불교이고 불교 수행은 곧 선 수행이라고 생각하면 오해이다. 다만 선이 통불교적 성격이 있는 것은 사실이지만 선에도 시대적 문화적 양상에 따라 천차만별의 모습을 하고 있기 때문에 한 마디로 싸잡아 말하기는 어렵다.

고다마 싯달타, 불타 혹은 석가모니(석가족의 깨달은 사람)로 불려진 그가 깨닫기까지의 수행방법은 무엇이었나? 그 때도 오늘날 우리나라나 중국, 일본 등지의 불교에서 말하는 선이 있었던가? 석가도 화두를 들고 참선하여 대각에 이르렀던가? 물론 아니다. 석가가 출가하여 수행하던 시절에는 선도 없었고 화두도 없었다. 그렇다면 석가는 참선도 아니하고 무슨 방법으로 대각에 이르렀을까? 화두도 없이 무슨 방법으로 그 오랜 세월을 정좌하여 삼매에 젖을 수 있었을까?

석가 때에 선이 없었다는 것은 명백한 사실이다.

"오늘날 우리나라에서 '선(禪)'이라는 이름으로 알려진 훈련, 또는 수행법은 지금으로부터 1,200여 년 전에 중국의 한민족(漢民族) 사이에서 완성된 것이다. 그 남상(濫觴)은 그로부터 300여 년을 거슬러 올라간 시대, 즉 육조(六朝)시대였으나 그 완성기는 당(唐) 시대였다."(스즈끼 다이세쯔 〈禪의 眞髓〉)

그럼 중국 선종의 초조(初祖)인 보리달마(菩提達磨)는 선 수행을 했을까? 아니었다. 다시 스즈끼씨의 말을 인용하면 "달마에서 혜능까지의 5,6대는 오로지 '하나'만을 고수하고 청정함을 살피며 마음을 보는 것 따위가 설해졌고, 또 그를 실천 수행하였다. 혜능에 이르러서야 선정과 지혜는 하나일 뿐(定慧不二)임이 설해졌고, 견성(見性)의 경험이 중시되어 비로소 중국 선의 기초를 확립했다."

결국 중국 선종의 효시는 초조 달마였으나 이를 완성한 것은 육조(六祖) 혜능(慧能)이었으며 그 이후 당나라 때의 기라성 같은 조사(祖師) 스님들의 출현을 기다려 선종은 개화, 발전했다는 것이다. 그러므로 선의 남상인 석가모나나 이를 중국으로 이식한 초조 달마나 우리가 알고 있는 선수행으로 깨달음을 얻은 것은 아니었다. 선가(禪家)에서도 선의 연원을 석가 부처님에게로 거슬러 올라가기는 한다. 그러나 그에 따른 에피소드는 '염화미소(拈華微笑)'를 비롯하여 삼처전심(三處傳心)의 일화가 모두 석가의 깨달음, 즉 성불(成佛) 이후의 사건이므로 석가가 선수행을 했다고 말할 증거는 되지 못한다.

그럼 석가는 대체 무슨 방법으로 수행하여 부처가 되었을까?

"(인도인들은) 각 개체의 본질인 자아(自我 : atman)는 전체원리인 범(梵 : brahman)으로부터 전변(轉變)된 것이라고 보는 바, 전체와 개체는 원리상으로는 일체요 현상면으로는 둘이다. 그러나 이것은 영원히 이질적인 둘은 아니니 이러한 의미를 범아일여(梵我一如)라 한다. 고대 인도인들은 이 범아일여의 경지에 이르는 것을 이상으로 한다. 이러한 이상경에 이르는 실천 방법은 무엇인가? ……yoga사상이었다." (金東華 〈禪宗思想史〉)

요가는 무엇인가? 남전(南傳) 상응부경(相應部經)에는 요가의 정의와 필요성을 이렇게 설파하고 있다.

"(요가는) 상응(相應)이라 하며, 그 의미는 선정(禪定)의 실천에 의하여 제근(諸根)을 억제하고 몸과 마음이 상응하게 된다는 것으로 요컨대 선정(禪定)의 별칭이다. 사제(四諦)를 여실히 터득하기 위하여 마땅히 요가를 하지 아니하면 안 되는 것이다."

초기 불교에서 인도의 전통적인 수행법인 요가를 적극 수용했음을 미루어 짐작할 수 있다. 2~3세기 경 인도에서는 대승불교를 양대분(兩大分)할 때 중관계(中觀系)와 요가계(瑜伽系)로 나눈 것만 보아도 사정을 알 수 있다.

그러나 석가는 당시 인도에서 유행하던 전통적인 수행방법을 그대로 추종, 답습하지는 않았다. 당시 인도에서 유행하던 전통적인 수행방법이란 '고행(苦行)'이었다. 석가 자신의 회고를 통하여 확인해 보자. 먼저 석가는 출가하여 수행에 전념하기 이전, 즉 카필라성에서 왕자의 신분으로 있을 때부터 나름대로 수행을 해 오고 있었다.

부처님께서 기수급고독원에 계시면서 말씀하셨다.

"궁전에 있을 때는 봄·여름·가을·겨울 궁전을 중심으로 나를 위한 노리개, 연못에서 목욕하고 향을 바르고 일산을 쓰고 제일 좋은 음식을 먹고 앞 뒤에 사병들을 거느리고 정전에 올라가 기병들을 사열하였다.

그러나 나는 농부가 밭에서 쟁기질하는 것을 보고 염부나무 그늘에 앉아 각관을 닦았는데 단번에 초선을 성취하였다. 세상 사람들은 스스로 병나게 되어 있으면서 병든 사람을 업신여기고, 스스로 늙게 되어 있으면서 늙은 사람들을 사랑하지 않고 천하게 여긴다. 그래서 나는 그 때 노래를 불렀다.

> 병들고 늙고 죽는 법, 그것은 으레 있는 것인데
>
> 범부들은 그것을 보고 미워한다.
>
> 만일 그것을 알아 미워하고 깨달으면 생을 떠날 텐데
>
> 그런 생각 없이 청춘들은 그것만을 미워하고 있다.

(중아함경 제29권 1. 대품 유연경)

이 한 편의 회고를 통해 우리는 석가가 천성이 어떤 사람인지 대번에 알 수 있다. 4계절에 따라 별궁이 있을 정도로 호화로운 생활을 하면서도 그는 농부가 고단하게 일하는 모습을 보고 사는 것이 무엇인지 근본 회의에 빠졌고, 늙고 병들고 죽는 모습을 보고 "이건 아니다" 하는 대발심을 하게 된다. 이 소식이 종교적으로 의식화되어 뒷날 '사문유관(四門遊觀)의 깨달음'으로 정형화 된다.

"노인을 보니 장차 다할 목숨 지팡이에 의지하여 비틀거리며 걷네. 보살이 스스로 생각하기를 나도 이러한 고난을 면치 못하리." (장아함경 1)

병든 사람, 죽은 사람을 보면서도 비슷한 생각을 한다. 범상한 사람 같으면 그냥 보고 지나쳤을 일상사들을 그는 범상하게 보지 않고 "머지 않아 나에게도 저런 일이 닥칠 것"이라고 보고 그런 사태를 뛰어넘기 위한 방법을 생각하기 시작하는 것이다. 당시 인도 사람들이 흔히 행하던 방법이 바로 육신을 가혹하게 혹사하여 육신 속에 있는 영혼(자아)을 우주의 본질에 영합시키는 것이었다. 요가도 그 중의 한 가지였다. 그 때까지

인도 사상의 주류를 이루었던 브라흐마니즘에서는 각종 제례와 의식을 통하여 그런 경지에 이른다고 보았으나 브라흐마니즘에 대한 반동으로 등장한 많은 유파의 사상운동에서는 육신을 부정하고 단련함으로써 범아일여의 경지에 이르고자 하였다. 이런 수행법이 석가가 고뇌하고 모색하던 시기 인도에서 유행하던 수행, 즉 고행의 일반적인 형태였다. 석가도 출가 후 수년 동안 그런 유파의 도인들을 찾아다니며 그 방법을 배우고 닦았다. 그리하여 스승이 다다른 경지에까지 오를 수 있었다. 그러나 그것 뿐이었다. 엄격한 고행을 통하여 스승과 같은 경지에 이르렀으나 생노병사의 질곡은 여전히 소멸되지 않았고, 마음은 불안하고 미흡했다. "이것이 전부가 아니다"고 그는 생각했고 수행 방법이 잘못되었거나 한계가 있다는 사실도 깨달았다.

부처님께서 라자그리하 기사굴산 칠엽수 굴 속에 계실 때 그 성에 살고 계신 산타나가 부처님을 뵈오러 왔다가 시간이 맞지 않아 범지(梵志 : 바라문의 4단계 중 제1기에 해당하는 수행자들)들의 동산으로 갔다. 범지들은 높은 소리로 소란스럽게 정치, 전쟁, 무기, 귀족과 관리에 대해 이야기하며 떠들다가, 산타나가 오는 것을 보고 조용히 물었다.

"그대가 스승으로 삼는 고다마는 깊은 산속에 홀로 고요히 있는데 이는 애꾸눈 소가 풀을 뜯을 때 한 쪽만 보는 것과 같지 않은가. 당신의 스승은 큰 지혜가 있다 하나 나는 화살 한 개로 여섯 기관을 가려 거북이를 쏘아 죽이듯 말 한 마디로 꼼짝 못하게 할 수 있다."

부처님께서 그 말을 하늘 귀로 들으시고 거기 오셨다.

범지들은 자신들도 모르게 일어나 인사 드렸다.

"잘 오셨습니다. 사문이시여. 무슨 일로 여기까지 오셨습니까. 우선 자리에 앉으십시오. 당신은 무슨 법으로 제자들을 가르치십니까?"

"내 법은 깊고 넓어 그대들이 미칠 수 있는 것이 아니다."

"좋습니다. 그러나 저희들도 조심스럽게 들을 것이니 일러 주십시오."

"그대들의 행색은 왜 그렇게 비루한가. 옷을 벗고 앉을 때는 손으로 그것을 가리고, 음식을 받을 때도 온갖 방법(중간병, 중간 사람, 대중식, 포태식, 개, 파리가 있는 집)으로 가려 받고, 물고기나 술을 먹지 않고, 두 그릇에 먹지 않고, 밥 한 덩이를 한 번에 삼켜 먹되 일곱 덩이에서 그만두고, 보태주는 밥도 일곱 번 이상을 지내지 않고, 2일 내지 7일만에 한 번 먹고 혹은 과일, 가라지, 밥물, 싸라기, 쭉정이, 소똥, 사슴똥, 나무뿌리, 줄기, 잎을 먹고, 혹은 사의(莎衣), 엽의(葉衣), 초의(草衣)를 입고 사슴 털옷을 입은 자도 있으며, 한 손을 들고 두 손을 들고, 혹은 평상에 앉고, 늘 쭈그리고 앉는 자가 있는가 하면 머리 깎고 수염을 기른 자, 알몸이나 소똥이나 가시덤불에 눕는 자도 있으며 하루에 밤낮으로 목욕을 세 번씩 하여 온갖 고행을 하고 있는데 이것이 진짜 수행이라고 생각하는가."

"그렇습니다. 진짜 깨끗하고 좋은 수행방법이라고 생각합니다."

"그래. 이런 수행을 통하여 예경을 구하고 공양을 받고 집착하고 버릴 줄 모르며 멀리 떠나지도 못하는데 갱생한 물건을 먹고 쓰는 것을 보고 꾸짖고 음식을 쌓아놓고도 남에게 주지 않고, 자기 허물은 보지 않고 남의 허물만 보며, 자신만 칭찬해 열 가지 사견을 가지고 선정은 구하지 않고, 금수와 같은 지혜와 고행을 뽐내고 교만하고 신의를 지키지 않고 계를 갖지 아니하여 잘못하면 원망을 품고 교활한 마음으로 거짓을 부리고 자기의 소견은 맞고 남의 장단점을 찾으며 항상 사견, 변견을 가지고 있지 않으냐. 그런데 이것을 깨끗하다고 보는가?"

"그렇지 않습니다. 그것은 부정한 것입니다."

"그렇다. 악을 그치고 선을 행하며 스스로 그 마음을 깨끗하게 가지는 것, 이것이 진짜 고행자가 할 일이다. 살생하지 않고 도둑질하지 않고, 사음하지 않고 탐, 진, 치의 3독을 행하지 않는 것이다. 사랑하는 마음이 사방에 꽉 차서 세상을 풍요롭게 하고 어여삐 여기고 기뻐하고 바라는 마음을 통해 숙명통을 얻고 천안통을 얻어 생사의 멀고 먼 길을 꿰뚫어 보아야 한다. 이것이 내가 항상 후배들을 지도하는 방법이다."

범지들은 그 자리에서 일어나 절을 하고 큰소리로 외쳤다.

"저희들은 니쿠타 범지일 뿐입니다. 니구타 범지일 뿐입니다."

부처님께서 산타나 거사를 데리고 본래의 자리로 돌아오셨다.

(장아함경 제8권 산타나경 · 니구타범지경)


비슷한 얘기가 중아함경에도 나온다.

"……생각해 보라. 어떤 사문, 바라문은 옷을 입지 않고 나체로 걸어 다니고, 혹 나뭇잎으로 부끄러운 곳을 가리고 구슬로 옷을 삼고 병이나 괴(槐) 나무로 물을 쓰지 않고, 칼이나 몽둥이로 노략질한 밥을 받지 않고, 칭찬한 밥도 받지 않고, 아기 밴 집 밥과 개 기르는 집 밥, 파리가 있는 집 밥은 먹지 않고, 두 사람 사이에 있는 밥도 먹지 않고, 물고기, 술, 짐승, 나쁜 물을 마시지 않고, 또 어떤 이는 한 입, 두 입 일곱 입으로 끝내기도 하고 하루 한 끼, 열흘, 보름, 한 달에 한 끼로 족한 사람도 있으며, 나물,

띠 뿌리, 돌피, 메기장, 보리껍질, 닷돌라 밥, 거친 밥을 받아 아무도 없는 곳에 가서 먹고, 혹은 나무 뿌리, 열매, 저절로 떨어진 과일을 먹으며, 털옷, 듯사옷, 가죽옷, 다 헤진 옷을 입고, 머리털을 흩트리고 다니거나 땋기도 하며, 어떤 사람은 수염을 깎기도 하고 머리털을 뽑기도 하며, 혹은 서 있기만 하고 앉거나 눕지 않으며, 주저앉아 앉은뱅이 걸음으로 다니기도 하고 가시밭길을 걷거나 가시밭을 평상으로 삼기도 하고 과일 밭으로 평상을 삼기도 하며 종일 물을 긷고 불을 섬기며 해와 달, 존우대덕(尊佑大德)을 섬기며, 온갖 고행을 하고 있다. 그러나 그 고행이 큰 도와 무슨 상관이 있겠느냐. 혹 그런 것을 통해 신비한 힘을 얻고 신통력을 부린다 해도 생사와는 관계가 없으니 결국에는 윤회를 벗어날 수 없다. 그러므로 다시 태어나지 않으려면 어떠한 업도 짓지 않는 것이 상책이니 그것이 곧 어머니의 태에 들지 않는 불입태인 것이다."

(중아함경 제4권 2. 업상응품 사자경)

## 부처님께서 급고독원에 계시면서 여러 비구들에게 말씀하셨다.

"나는 옛날 고행 중일 때 모든 생각을 둘로 나누어 탐, 진, 치를 일체 생각 속에 넣지 않고, 불탐, 부진, 불치만을 길러 갔다. 마치 소 치는 아이가 막대를 들고 소가 남의 밭에 들어가지 못하게 하는 것 같이. 그리하여 편편하고 바른 길을 열고 나쁜 길은 막고 구덩이를 메우고 지키는 사람을 물리치고 높은 스승이 제자를 위하는 것처럼 큰 사랑과 어여삐 여기는 마음을 일으켜 가엾이 여기고 불쌍하게 생각해 편리와 유익을 구하고 안온과 쾌락을 구하는 일을 끊었던 것이다. 그러니 너희들은 스스로 노력하고 연좌하라."

(중아함경 제25권 2. 인품연경)

부처님께서 카아시이국에 계실 때 이렇게 말씀하셨다.

"나는 하루에 한 끼를 먹는다. 그 다음에는 구함도 없고 애씀도 없어 몸은 편안하고 안온 쾌락하다. 너희들도 가능하면 그렇게 해 보라."

1일1식계를 설하시고 키이타아기리(迦羅賴) 싱사파아숲에 계셨다.

그 때 어느 지방의 지주와 사주, 종주를 지낸 앗사지(阿濕貝)와 푸나바수카(弗那婆修)들은 하루 세 때를 먹고 또한 간식을 하여도 건강하고 튼튼하다고 했다. 이에 석가의 제자인 수행자들이 그들에게 확인해 보았다.

"그대들은 세 때 먹고 간식하고도 건강한가? "

"그렇다."

부처님께서 이를 알고 한 때 앗사지와 푸나바수카였던 수행자들을 불러 말씀하셨다.

"나는 일체 몸의 즐거움이나 괴로움, 즐겁지도 괴롭지도 않은 것을 닦으라고 말하지 않는다. 단지 먹는 것, 입는 것, 자는 것 때문에 괴로움이 있는 자들에게 그의 편의를 따라 범행을 설명한 일이 있다. 먹고 먹지 않는 것은 그대들의 자유이나 단지 깨달음을 철저하게 하여 후생들에게 모범이 되기 바란다."

"세존이시여. 사실 우리가 재가일 때는 지주, 사주도 되고 종주도 되기 때문에 습관에 의해 그렇게 해 왔는데, 이제 우리들도 부처님의 행을 따라 1일1식하면서도 게으르지 않게 수행하고 교화하겠습니다."

"착하다. 믿음이 있는 수행자는 반드시 깨달음이 있을 것이다."

(중아함경 제51권 2. 대품 아습패경)

초기 경전인 아함경에서 인용한 위의 네 가지 일화에서 석가는 당시 유행하던 사문(沙門)들의 수행방법에 대한 강한 불만을 나타내고 신랄하게 비판하고 있다. 특히 먹는 것을 극도로 절제하여 열흘에 한 끼 정도 먹으며 고행하는 사문들에게 "그것이 큰 도와 무슨 상관이 있겠느냐"고 힐난하고 아울러 하루 세 끼씩 먹고도 간식을 하는 등 배부르게 살던 세속의 습관을 버리지 못하고 있는 무리들에게도 "먹고 먹지 않는 것은 자유이나 깨달음을 철저하게 하라"고 권고한다. 깨달음을 철저하게 하기 위해서는 하루 한 끼만 먹고 수행하는 것이 이상적이라는 자신의 경험을 권유한 것이다. 여기서도 우리는 석가 특유의 중도(中道)의 철학을 만난다. 깨달음의 세계, 즉 진리 당체로서의 중도 뿐만 아니라 수행 방법에서도 그는 스스로 중도의 길을 걸었고, 그것을 제자들에게 가르치고 있는 것이다.

처음 출가했을 때는 석가도 전통적인 고행의 방법을 따랐다. 출가하자마자 그가 찾아간 스승은 알라라 칼라마 선인(仙人)이었다. 혹독한 고행으로 신선의 경지인 무소유처(無所有處)에 오른 사람이었다. 얼마간 고행 끝에 석가는 스승의 경지에 이르렀으나 "이것이 전부가 아니다"고 판단하고 곧 스승을 떠났다.

두 번째로 찾아간 스승은 웃다카 라마풋다로 비상비비상처(非想非非想處)의 경지에 다다른 선인이었다. 석가는 고행 끝에 스승의 경지에 이르렀으나 그에 만족하지 못하고 스승의 곁을 떠났다. 마침내 그는 스승을 찾아 배우기를 단념하고 스스로 깨달음의 길을 개척해 나갔다. 그것은 전인미답의 길이었으므로 누가 가르쳐 주지 않는 무사독오(無師獨悟), 독각(獨覺)의 길이었다. 그는 더 철저한 고행을 거듭했다. 그 무렵 석가의 고행이 어떤 모습이었을까, 뒷날 제자들에게 털어놓은 석가 본인의 회고를 통해 엿보면 대충 이런 모습이다.

"나는 하루에 한 끼의 식사를 하였으며 혹은 이틀에 한 끼의 식사를 하였고, 7일에 한 끼, 보름에 한 끼를 먹게 되기까지 식사 수행을 실천하였다. 나는 야채만 먹고, 혹은 수수만을 먹고 나무 뿌리나 열매를 먹었고, 저절로 떨어지는 열매를 먹으며 지냈다."

(마지야 니카야)

앞서 고행을 위해 고행하는 사문, 바라문, 범지들에게 석가가 질책했던 것은 바로 자신이 실천했던 고행의 모습 그대로였다.

그렇게 소식(小食)하고 절식(節食)을 한 결과는 어땠을까.

"소식(小食) 때문에 나의 사지와 온몸의 마디는 아시티카 풀의 마디처럼, 칼라 풀의 마디처럼 되었다. 소식 때문에 나의 엉덩이는 낙타의 발처럼 되었다. 소식 때문에 나의 척추는 방추(紡錘)가 이어진 것처럼 요철(凹凸)이 생겼다. 소식 때문에 나의 갈빗대는 낡고 오래된 집의 서까래가 삭아서 무너지듯 내려앉았다. 소식 때문에 마치 깊은 우물에 고인 물빛이 검푸른 색을 띠듯 나의 눈동자도 움푹 패여서 검게 보였다. 소식 때문에 나의 머리가죽도 표주박이 바람이나 열을 받아 마를 때 쭈글쭈글해지듯이 주름지고 쭈글쭈글해졌다. 내가 뱃가죽을 만지려 하니 척추가 만져졌고, 척추를 만지려 하니 뱃가죽이 만져졌다."

(마지마 니카야)

뱃가죽이 등뼈에 붙고 온몸의 살이 빠져 쭈글쭈글하여 해골만 앙상하게 돋아난 사람, 눈은 동굴처럼 퀭하고 허리는 굽고 병든 사람처럼 비실비실한, 그런 형상을 하고 있었다. 그는 무소유처에 이르렀고, 비상비비상처의 높은 선정에 이르렀다. 그래서 어쨌다는 것인가? 죽음의 문제를 해결하지 못했고, 열반에 이르지 못했다.

석가는 문득 깨달았다. 마음의 집이자 생명 자체인 육신을 부정하고 혹사함으로써 약간의 정신적 경지에 도달하는 것은 온전한 지혜, 온전한 열반에 이르는 길이 아니라는 것을.

두 사람의 스승들로부터 더 배울 것이 없다고 판단한 석가는 그들의 교단을 떠나기로 했다. 그러자 웃다카 라마풋다는 석가의 수행 경지가 자신이 도달한 경지에 이미 와 있다는 사실을 알고 이 젊은 수행자에게 앞으로 자신을 대신하여 제자들을 가르치고 수행을 지도해 줄 것을 제안했다. 석가를 후계자로 내정하고 정식으로 그에게 요청한 것이었다. 그러나 석가는 거절했다. 그가 출가하여 고행을 한 것은 어느 교단 지도자의 후계자가 되고자하는 것이 아니었기 때문이었다. 그는 온전한 지혜를 갈망하였으나 스승들은 거기에 도달하는 길을 제시해 주지 못했다. 이제부터 스스로 그 길을 개척해 가야만 했다.

스승들로부터 배우기를 단념한 석가는 마가다국 여러 곳을 전전했다. 그 동안 6년이라는 세월이 흘렀다. 깊은 동굴에 들어가 침식을 거의 끊고 고행을 하기도 여러 번이었고, 히말라야의 설산 깊은 골짜기에서 얼어 죽기 직전까지 연마했다. 그 결과 석가는 육신을 집으로 삼아 살아 있으면서도 육신에 끄달리지 않는 경지에 이르러 있었다. 그의 정신은 언제나 자유로웠다. 일찍이 브라흐마니즘이 지향하던 의례를 통한 신과의 소통이 부질없는 허언임을 깨달은 인도 대륙은 바야흐로 브라흐마니즘에 대한 반동으로 일시적인 허상에 지나지 않는 육체의 허물 속에 감추어진 진정한 자아(아트만)의 발견과 범아(브리만)와의 합일에 모든 열정을 불태우고 있었다. 기원 6세기 경의 인도 북부는 어디를 가나 이같은 치열한 구도자들과 위대한 스승을 둘러싼 구도자집단(敎團)을 만나기가 어렵지 않았다. 석가는 이들 중 가장 위대하다고 소문이 난 몇몇 스승들을 찾아가 스스로 제자가 되어 수행한 끝에 스승의 경지에 올랐으나 그 한계를 느끼고는 떠나버린 것이었다.

  수행으로 높은 경지에 오른 스승의 교단을 떠나 마가다국 여러 곳을 전전하는 석가를 먼발치에서 따르는 사람들이 있었다. 그들은 석가가 카필라성을 나와 출가할 때 그 아버지 숫도다나왕(정반왕)의 지시로 싣달타 태자를 보호하기 위해 함께 출가한 다섯 명의 석가족 사람들이었다. 그들은 처음에는 왕명을 받들어 싣달타 태자를 멀리서나 가까이서 옹위하며 지켜보다가 때가 이르면 그를 다시 왕성으로 모셔가기 위해 저만치 거리를 두고 따르고 있었다. 그러나 그들 자신도 출가자의 신분이고 보니 싣달타 태자를 따라 스승의 교단에서 수행을 하게 되고, 그러다 보니 더할나위 없는 위대한 진리를 깨닫고 싶다는 욕망을 가지게 되었다. 즉 그들은 태자가 다시 환속할 것이라는 꿈을 일찌감치 접어버리고 언젠가는 지혜롭고 마음이 깊은 싣달타 태자가 위대한 성인이 될 것이라는 믿음을 지니게 되었다. 태자가 마침내 성인의 반열에 오르면 자신들이 맨 먼저 그 진리를 향수(享受)하는 제자가 될 것임을 믿어 의심치 않았다.

마가다국 여러 곳을 전전하던 석가는 우르벨라의 네란쟈라 강변에 이르렀다. 강에서 저만치 떨어진 곳에는 평온하고 아름다운 마을이 있었고 강 바로 옆에는 짙은 그늘을 드리운 보리수나무가 넓은 품을 벌리고 서 있었다. 석가는 그 나무 아래의 포시라운 땅을 평평하게 고르고 주변을 정돈한 후 나무 등걸 가까운 자리에 앉았다. 마침 강가에는 양떼에게 물을 먹이러 나온 처녀가 있었다. 처녀는 나무 등걸 아래 앉아 있는 수행자를 보았다. 피골이 상접하여 금방이라도 쓰러질 것 같은 몰골이었다. 처녀는 양 한 마리를 붙잡아 젖을 짰다. 물을 마실 때 사용하는 표주박에 새로 짠 젖을 담아 들고 나무 아래의 수행자에게 다가가 내밀었다. 수행자는 한참동안 처녀가 내민 양젖을 바라보고 있었다. 먹는 것을 잊어버린 사람 같았다. 이윽고 수행자가 처녀가 내민 양젖 그릇을 받아 들었다. 그리고 마셨다. 표주박에 든 양젖 한 그릇을 다 마시고 난 수행자의 눈빛은 달라졌다. 지금까지 땅으로 돌아가려는 것처럼 사그라지던 눈빛이 살아나 빛을 발하고 있었다. 그 눈빛을 보고 두려워진 처녀는 얼른 그 자리를 떠났다. 먼발치에서 이 광경을 보고 있던 한 떼의 사람들이 있었다. 카필라성에서부터 줄곧 태자 싣달타의 고행을 추종해 왔던 석가족 출가자들이었다. 그들은 서로의 얼굴을 보면서 절망을 나누었다.

"저분이 마침내 마귀에게 굴복하셨다."

한 사람이 말하자 두 번째 사람이 말했다.

"안타깝게도 저분은 이제 끝났다. 우리는 저분에게서 배울 것이 없다. 우리 스스로 걸어가야 한다."

다른 사람들이 이구동성으로 말했다.

"왕사성으로 돌아가 전의 스승님에게 의탁하자."

그들은 싯달타 태자가 지금까지의 고행을 포기하고 육신의 욕구에 굴복하는 것을 보고 더 이상 그에게 기대할 것이 없다고 판단, 발길을 돌려버린 것이었다.

양의 젖 한 그릇으로 머리가 맑아지고 기운이 솟아난 석가는 보리수 아래에서 깊은 선정에 들었다. 여기서 말하는 '선정(禪定)'이란 한국불교에서 수행법으로 택한 참선수행과는 다른 위빠사나 명상이었다. 그 때문에' 선정에 들었다 '고 하는 대신 '생각에 잠겼다' 또는 '명상에 빠져들었다' 고도 한다. 그는 아주 자연스럽게 거칠것 없는 사유를 시작했다. 이 때 그가 했던 사유의 방식, 즉 명상의 방법이 무엇이었는가 하는 것을 두고 지금까지도 온갖 억측들이 난무한다. 그것을 정확하게 한정 짓기는 어려우나 석가의 명상과 관계가 없는 사항들을 제거함으로써 석가의 명상 방법을 유추해 보는 것은 가능하다.

선가(禪家)에서는 흔히 선(禪)의 단계 또는 격(格)을 두고 말하기를 여래선(如來禪)과 조사선(祖師禪)으로 구분하기를 좋아한다. 조사선이란 달마가 중국에 선종을 전파한 이후 엄격하게 말하자면 육조 혜능 이후 기라성 같이 등장한 조사 스님들이 수립한 독특한 선법(禪法)을 말하는

데 화두 참구를 중심으로 하는 간화선(看話禪)도 그 중의 하나다. 물론 석가여래 시대에는 간화선이 없었다. 조사선도 없었다. 여래, 즉 석가는 무슨 방법으로 최고의 지혜, 최고의 깨달음에 이르렀을까? 석가가 깨달음에 이르기까지 즉, 인도 북부에서 유행하던 자아 실현의 고행을 버리고 홀로 명상에 들었을 때 그는 어떤 방법으로 명상했던 것일까? 여기에 대한 정확한 대답은 없다. 다만 앞에서도 밝힌 것처럼 중국과 한국, 일본 등지의 선종이 채택한 간화선이 아니었던 것만은 분명하다. 위빠사나 명상, '근본에 대한 사유'라는 전통적인 명상법에 따라 대각에 이르렀을 것이라는 추측이 있지만 이것마저도 확실하지는 않다. 그리고 이에 대해 석가 자신이 분명하게 밝힌 대목도 없다.

조사선의 입장을 취하고 있는 중국 선종의 수많은 기록들 중에는 조사선과 여래선을 분명하게 구분하고 있다. 이에 따르면 여래선과 조사선은 다만 발생학적으로 역사적 선후관계에 있을 뿐만 아니라 선의 완성도에 대한 척도로 사용되기도 할 정도였다. 여래선이 명상, 사유에 의존하고 있다는 점, 즉 화두선이 기피하는 사량분별(思量分別)에 머물고 있다는 점에서 조사선의 입장에서는 기피의 대상, 또는 극복의 대상이었던 것이다. 그러나 과연 그럴까? 오늘날 한국과 일본 등지에서 불길처럼 일어나고 있는 위빠사나 명상에 대한 관심이 그동안 전통 선가에서 기피해 온 여래선을 복원하려는 움직임과 무관하지 않을 것이며 이는 또 불교가 그 근본인 석가의 깨달음과 가르침에서 너무 멀리 와버렸다는 심각한 반성에서 비롯된 현상으로 보아야 할 것이다.

## 5. 궁극의 명상

우르벨라 마을에서 조금 떨어진 네란쟈라 강가의 보리수 나무 밑에 앉아 석가는 깊은 명상에 젖어 있었다. 처녀는 이튿날도 양의 젖을 짜서 수행자에게 공양하였고 다른 마을 사람들도 때가 되면 음식을 가지고 와서 공양하였다. 석가는 필요한 만큼의 음식을 받아 먹어 자신의 육체를 괴롭히지 않았다. 그는 이제야말로 자유로운 정신을 가지고 마음껏 깊은 명상에 빠져들었다.

그러기를 얼마나 지났을까. 1주일 쯤 된 어느 날 새벽 별빛이 영롱한 그 새벽에 석가의 머리속으로 한 줄기 광채가 지나갔다. 천지만물이 투명하게 밝아지고 시간과 공간을 넘어 영원에 이르는 큰길이 눈앞에 열린 것이었다. 모든 의문이 한꺼번에 풀렸고 굳게 닫혔던 생사의 문이 열렸다. 우주가 처음 열리던 때와 같은 대폭발이 일어나면서 모든 사물이 일순간 흩어졌다가 다시 본래의 현상으로 되돌아갔다.

'이것이다.'

석가는 자신의 내면에서 일어난 대폭발을 지켜보고 있었다.

'이것은 아직 어떤 인간도 가까이 갈 수 없었던 진리의 세계다. 나는 마침내 이르렀다.'

전율을 느끼면서 석가는 이 깨달음을 정리해 보았다. 시간이 흘렀으나 그는 느끼지 못했다. 양치는 처녀가 양젖을 가져다 놓아도, 마을의 신심 깊은 노인들이 음식을 공양해도 그는 알아차리지 못했다. 얼굴에는 기쁨이 넘쳐나고 있었고 온몸에서는 이상한 광채가 나고 향내가 진동했다. 마을 사람들은 그런 석가의 모습을 보고 한편으로 기이하게 생각하고 한편으로 두렵게 생각했다. 그러나 이 남루한 수행자의 내면에서 무슨 일이 일어났는지 알아차리는 사람은 아무도 없었다.

석가에게 무슨 일이 일어난 것일까? 인류 역사상 수없이 등장한 종교 지도자들 대부분은 나름으로 각고의 노력을 기울인 끝에 마침내 신(神)을 만나거나 내 안에 신을 받아들이는 접신(接神)을 하게 되고, 그 때부터 신의 말을 인간 세상에 전하는 대리인을 자처하거나 그 스스로 신이 되거나 하여 어떤 형태로든 메신저의 역할을 하는 것이 보통이었다. 그러나 석가가 경험한 것은 접신과는 거리가 멀었다. 큰 깨달음을 얻은 후 악마가 찾아와 시험하는 장면이 경전에 보이기는 하지만 이 장면 역시 석가 내면의 풍경에 대한 비유적인 설정일 뿐이었을 것으로 짐작된다.(악마가 정말 존재하느냐 아니냐 하는 문제는 별개이다.)

석가는 신을 만나거나 음성을 들은 것이 아니라 우주만물의 생성과 사멸의 법칙을 알아버린 것이었다. 그 법칙은 연기(緣起)였다. 어떤 사물도 독자적으로 존재하는 것은 없다(諸行無常). 항존(恒存)하는 나(我)는 물론 없다(諸法無我). 없는 것을 '있다' 고 생각하고 집착하는 데서 모든 번뇌가 생기고 괴로움이 발생한다.(一切皆苦) 이것(緣起를 바탕으로 한 三法印)이 석가 깨달음의 근간이었다. 집으로 치자면 주춧돌을 박고 기둥을 세운 것이었다. 이렇게 쉽고 간단한 것을 알아내기까지 인류는 수

천년 동안 암흑 속을 헤매고 있었다. 손만 뻗으면 지척에 있는 진리, 생각 한 번 바꾸면 금방 알아챌 수 있는 진리를 깨닫기 위하여 영특하고 구도심 깊은 젊은 왕자가 6년 동안이나 고행하고 헤맸던 것이다.

이후 45년 동안 그는 많은 가르침을 베풀었다. 석가가 일생 동안 가르친 내용은 뒷날 정리되고 체계화 되어 방대한 경전으로 남아 있다. 그에 따르면 석가는 순서에 따라 연기론, 반야심경과 금강경, 마지막으로 열반경, 법화경을 설하여 불교가 지향하는 성불의 경지를 완성했다고 전해진다. 그러면 이날 새벽 보리수 아래에서 전율과 같은 큰 깨달음을 얻었을 때 이미 그의 흉중과 머리 속에 그 방대한 내용들이 모두 들어 있었을까? 한꺼번에 깨달았던 내용을 차례차례로 누에고치에서 실을 뽑아내듯 풀어내었을까?

그건 아니었던 것 같다. 큰 깨달음을 얻은 후로도 석가는 1주일 정도 보리수 아래 그 자리에서 자신이 깨달은 것을 반추하면서 음미하고 있었다. 그 과정에서 연기(緣起)의 내용이 체계화 되었을 것이다. 그리고 이 시기에 사제팔정도(四諦八正道)와 같은 석가 가르침의 골격이 또한 완성되었던 것으로 보인다. 그 나머지는 평생을 살면서 무수한 제자, 대중들에게 설법하고, 설법을 준비하면서 조금씩 구축해 나갔을 것이다. 물론 그러는 사이에도 악마는 쉬지 않고 석가를 방문하는 것으로 경전에 나와 있다. 석가의 내면도 다른 여느 사람들처럼 흔들렸고, 이를 극복하기 위해 그 역시 평생 노력했다는 증거다.

북인도 우루벨라의 네란자라강 언덕, 보리수나무 그늘 아래에서는 인류 최대의 대발견이 이루어지고 있었다. 지금까지 그런 지각변동은 일찍이 역사에 없었다. 코페르니쿠스가 지동설을 주창하고 찰스 다윈이 '자연의 선택'을 발견하고 프로이드가 의식을 뒤집어 숨겨진 정신활동의 참모습을 드러내고 칼 맑스가 공산주의 이론을 세웠으나 이 때 석가가 존재의 근본을 파악한 것에 비하면 지엽적인 것에 지나지 않았다. 그러나 우루벨라강 언덕은 고요했다. 인류역사상 가장 거대하고도 심오한 대변혁이 이루어지고 있다는 사실조차 알려지지 않았다. 스포트 라이트도 없었다. 베스트셀러도 없었고, 추종자의 무리들도 없었다. 그 때의 소식을 오래 된 경전 〈우다나(Udana)〉는 이렇게 전하고 있다.

이와같이 나는 들었다.(如是我聞)

세존께서 우루벨라의 네란자라강 언덕 보리수나무 아래에서 마침내 바르고 원만한 깨달음을 얻었다. 세존께서는 가부좌를 하고 해탈의 지복을 체험하면서 이레동안을 앉아 계셨다.

이레가 지나자 세존께서는 그 삼매에서 깨어나 초야에 조건적 발생의 법칙인 연기에 대하여 순관(順觀)으로 이치에 맞게 정신활동을 기울였다. '이것이 있으므로 저것이 있다. 이것이 생겨남으로 저것이 생겨난다. 무명을 조건으로 형성(행)이 생겨나고 형성을 조건으로 의식이 생겨나며 의식을 조건으로 명색이 생겨나고 명색을 조건으로 여섯 감역이 생겨나고 여섯 감역을 조건으로 접촉이 생겨나고 접촉을 조건으로 느낌이 생겨나며 느낌을 조건으로 갈애가 생겨나고 갈애를 조건으로 집착이 생겨나고 집착을 조건으로 존재가 생겨나고 존재를 조건으로 태어남이 있고 태어남을 조건으로 늙고 병들고 우울하고 슬프고 고통스럽고 불쾌하며 절망하는 일이 생겨난다. 이렇게 하여 이 모든 괴로움의 다발이 생겨난다.'

이어서 한밤중이 지나자 세존께서는 조건적 발생의 법칙인 연기에 대하여 역관(逆觀)으로 이치에 맞게 정신활동을 기울였다. '이것이 없을 때 저것이 없고 이것이 사라짐으로써 저것이 사라진다. 곧 무명이 소멸하면 행이 소멸하고 행이 소멸하면 식이 소멸하며 식이 소멸하면 명색이 소멸하고 명색이 소멸하면 여섯 감역이 소멸하고 여섯 감역이 소멸하면 촉이 소멸하고 촉이 소멸하면 느낌이 소멸하며 느낌이 소멸하면 갈애가 소멸하고 갈애가 소멸하면 집착이 소멸하며 집착이 소멸하면 존재가 소멸하고 존재가 소멸하면 태어남이 소멸하며 태어남이 소멸하면 늙고 죽고 우울하고 슬프고 고통스럽고 불쾌하고 절망하는 모든 괴로움의 다발이 소멸한다.'

새벽이 되자 석가는 그 감동을 다음의 시구로 읊었다.
참으로 열심히 수행한 끝에
선정을 닦은 사람에게 진리의 문이 열렸네.
일체 사물이 원인이 있어 존재한다는 것을 알아
모든 의혹이 사라지네.

고대의 기사를 유추하여 볼 때 석가는 보리수 나무 아래에서 새벽별을 보며 큰 깨달음을 성취한 후 마치 소가 반추하듯 그 깨달음을 구체적으로 체계화하고 진리인가 아닌가를 스스로 현상에 대입하여 검증하는 시간을 가졌던 것 같다. 검증이라기보다 옛 기록은 "세존께서 해탈의 지복을 체험하면서 이레동안 앉아 계셨다"고 적고 있다. '해탈의 지복을 체험한다'는 것은 깨달음에서 오는 환희를 느끼면서 그 깨달음을 구체적으로 살펴보는 시간이었음이 분명하다. 12연기를 발생의 순서에 따라 순관(順觀)하고 소멸의 순서에 따라 역관(逆觀)하기도 하였으며, 중도의 법칙을 세우고 무아의 진리를 확인했을 것이다. 그것을 깨닫기만 하면 그만인가? 뒷날 선승들의 말처럼 '한소식' 하면 그것으로 끝인가? 유무와 생사의 이변(二邊)을 지양하고 해탈에 이르는 길은 무엇인가? 여기까지 생각을 했을 것이다. 그 생각을 하느라 골똘한 나머지 이레가 수유처럼 후딱 지나갔을 것이다. 이 때 석가 세존이 '큰 깨달음'을 얻었다는데는 이견이 있을 수 없다. 그러나 그 깨달음이 무엇이었나 하는 물음에는 사람마다 다른 대답을 내놓고 있다. 어떤 이는 중도가 핵심이었다 하고 어떤 이는 연기법이야말로 석가가 발견해낸 우주 생성과 운행의 비밀 중에 비밀이므로 이것이 진리의 요체라고 말한다. 또 어떤 이는 무기(無記)에 눈을 돌린다. 무기란 '대답하지 않는 것, 즉 침묵'이다. 일부 존재론적 형이상학적인 물음에 석가는 대답하지 않았다. '나는 모른다'가 아니라 '그런 문제에 나는 대답하지 않는다'는 입장을 분명히 했다. 연기와 중도의 법을 다 알고 나면 그런 질문은 의미가 없어진다는 것이 석가의 일관된 입장이었다. 따라서 무기(無記)를 철저하게 파헤쳐 들어가면 석가의 가르침의 요체가 모두 나온다는 입장인 것이다. 독특하고 재치 있는 접근법이라 하겠다.

나는 석가의 깨달음의 당체가 무아(無我)였다고 생각한다. 중도에도

연기에도 무아가 바탕을 이루고 있기 때문이다.(이 문제는 앞으로 좀 더 천착해 보기로 한다)


## 6. 중도(中道)에 대한 오해

석가가 당시 일부 사문들이 행한 것 같은 고행을 행하다가 '이건 아니다' 하고 반성하고 양치기 처녀가 가져다주는 우유죽을 받아먹고 육신의 기운을 차리는 대목에서 먼발치에서 그를 따르던 수행자 다섯 명이 실망하여 떠나버리는 장면은 이미 살펴보았던 그대로다. 이를 두고 석가의 수행이 철저하지 못했다거나 대충 해도 된다는 식으로 오해하는 후학들이 많다. 심지어 고기나 술을 마시면서 "부처님도 육신을 공양했다"고 황당한 이유를 끌어대는 수행승도 있다. 그러나 석가는 육신을 학대하는 수위의 고행, 즉 고행을 위한 고행은 지속하지 않았으나 수행자로서의 필요한 고행을 잠시도 멈춘 적이 없었다. 대각을 이루고 큰 무리가 따르며 스승의 자리에 오른 후에도 하루 한 끼 이상의 음식을 먹지 않았고 탁발을 멈추지도 않았다. 오늘날 큰스님만 되면 외제차를 타고 호화로운 생활을 하며 명예로운 자리에 오르려고 애쓰는 국내외 일부 스님들의 모습과는 대조적이었다. 수행자는 어떤 몸가짐을 가져야 하고 어떤 방식으로 수행을 했을까? 이에 대한 석가의 간접적인 대답이 〈숫타니파타〉의 첫머리에 나온다.

뱀의 독이 몸에 퍼지는 것을 약으로 다스리듯

분노가 일어나는 것을 제압하는 사람은

이 언덕과 저 언덕을 모두 떠난다.

뱀이 묵은 허물을 벗어버리듯.


연못에 들어가 연꽃을 꺾듯

애욕을 완전히 끊어버린 사람은

이 언덕과 저 언덕을 모두 떠난다.

뱀이 묵은 허물을 벗어버리듯.


굽이쳐 흐르는 이 욕망의 물살을

남김없이 모두 말려버린 사람은

이 언덕과 저 언덕을 모두 떠난다.

뱀이 묵은 허물을 벗어버리듯.


홍수가 부실한 다리를 무너뜨리듯

모든 교만을 부숴버린 사람은

이 언덕과 저 언덕을 모두 떠난다.

뱀이 묵은 허물을 벗어버리듯.

무화과 나무숲에서 꽃을 찾을 수 없는 것 같이

모든 존재 속에서 불변하는 나를 찾지 않는 사람은

이 언덕과 저 언덕을 모두 떠난다.

뱀이 묵은 허물을 벗어 버리듯.


안으로는 미워하는 마음이 없고

세상의 부귀영화에 흔들리지 않는 사람은

이 언덕과 저 언덕을 모두 떠난다.

뱀이 묵은 허물을 벗어버리듯.


잡념을 남김없이 불살라 버려

마음이 잘 정돈된 사람은

이 언덕과 저 언덕을 모두 떠난다.

뱀이 묵은 허물을 벗어버리듯.


너무 빨리 가거나 게으름 피우지 않고

모든 잡념의 숲을 지나버린 사람은

이 언덕과 저 언덕을 모두 떠난다.

뱀이 묵은 허물을 벗어버리듯.


너무 빨리 가거나 게으름 피우지 않고

세상은 덧없다고 알아버린 사람은

이 언덕과 저 언덕을 모두 떠난다.

뱀이 묵은 허물을 벗어버리듯.　　　　　　　(석지현 譯)


(이하 생략. 탐욕을 떠나고 애욕을 떠나고 증오심을 버리고 집착으로
부터 떠나며 윤회의 찌꺼기를 남기지 아니하고 고뇌와 고통으로부터 해
방된 사람은 이 언덕과 저 언덕을 모두 떠난다는 내용이 이어진다.)

'이 언덕과 저 언덕을 모두 떠나는' 것은 해탈이다. 해탈에 이르려면
분노를 제압하고 애욕에서 떠나며 욕망을 말리고 교만을 부숴버리며 상
주불변하는 자아가 있다는 잘못된 견해에 빠지지 아니하고 미워하는 마
음이 없고, 부귀영화에 흔들리지 아니하며 잡념이 없고, 세상의 덧없음
을 알아야 한다. 먹는 것, 입는 것과 명예의 노예가 되어서도 안 된다. 너
무 빨리 가서도 안 되고 게을러서도 안 된다. 이렇게 수행하기란 어렵다.
보통 사람으로서는 불가능하다고 할 정도이다. 요즘에도 산사에는 상상
을 넘는 방법으로 고행하는 수행자들이 있다. 그들에게도 경고하고 있
다. "너무 빨리 가지도 말고, 빨리 가더라도 빨리 간다는 사실을 잊어버
리고 고행을 위한 고행은 하지 말라"고 가르치고 있다.

큰 깨달음을 증득한 이후 보리수나무 아래 앉아 우주만상의 참 모습을
꿰뚫어 본 석가의 환희가 어느 정도였는지는 보통 사람들이 짐작하는
것조차 불가능하다. 그는 생각했다.

"이 미묘한 법을 깨달은 사람은 전에도 없었고 앞으로도 없을 것이다.

이 법을 사람들에게 전파하고 싶으나 대중은 알아듣지도 못할 것이다."

그는 이 미묘하고도 근본적인 법을 대중들에게 알려야 할까, 말까, 고심했다. 결국 그는 여러 가지 이유 때문에 사람들이 자신이 깨달은 법을 알아듣지 못할 것이므로 그들에게 말하는 것이 쓸데없는 짓이라는 결론에 도달했다. 그는 자신이 아무런 스승의 가르침과 인도도 없이 오직 홀로 명상하여 이 근본지에 도달했음을 알고 한편으로 환희하고 다른 한편으로 외로움을 느꼈다. 그는 독각(獨覺)이었다. 여기서 필자가 굳이 '독각'이라는 용어를 쓰는 까닭은 이 말이 후대의 불교 교단에서 비하의 대상이 되고 있기 때문이다. 심지어 "성문(聲聞), 독각(獨覺)은 최상승에 이르지 못한다"고 못을 박고 있는 주장도 있다. 스승의 문하에서 제대로 배워 깨달음에 이르지 않고 홀로 수행하여 일가를 이룬 도인(道人)을 폄훼하고 인정하지 않으려는 경향이 있었다. 교단주의(敎團主義)라고나 해야할 이러한 경향은 석가가 홀로 수행하여 큰 부처가 되었다(成佛)는 사실을 외면하거나 "그건 특수한 경우"라고 한정짓는다.

'특수한 경우'인 것은 맞다. 누구나 석가 같은 근기를 지닐 수 없고 석가 같은 그릇을 지니고 있기도 어렵다. 그러나 홀로 수행하는 것 자체를 격하하는 것은 교단이기주의에 지나지 않거나 패배주의에 빠질 우려도 없지 않다. 비슷한 경우가 또 있다. 중국의 선가(禪家)에서는 일찍이 선을 여래선(如來禪)과 조사선(祖師禪)으로 구분하여 석가 여래가 수행의 도구로 삼았던 명상 선법을 하지하(下之下)의 수행법으로 치부하고 조사(祖師)들의 활구법(活口法)을 상근기(上根氣)의 수행법으로 단정했다. 석가가 들었다면 기절초풍할 일이다.

석가도 홀로 수행하는 것을 굳이 권하지는 않았다.


살아 있는 것들은 아무 것이나 해치지 말며, 자녀나 친구도 갈망하지 말고 무소(코뿔소)의 뿔처럼 혼자서 가라.

관계를 맺으면 집착이 생기고 집착이 생기면 괴로움이 따른다. 집착의 결과를 관찰하고 무소의 뿔처럼 혼자서 가라.

친구에게 정을 쏟으면 마음이 얽매어 유익함을 잃는다. 친교의 결과가 얼마나 두려운지 관찰하고 무소의 뿔처럼 혼자서 가라.

아내나 자식에게 집착하는 것은 대나무가 무성하여 엉키는 것과 같다. 새로 돋은 죽순이 엉키지 않듯이 무소의 뿔처럼 혼자서 가라.

속박 당하지 않는 숲속의 사슴이 여유롭게 풀을 뜯는 것처럼 지혜로운 사람은 홀로 있는 자유를 찾아 무소의 뿔처럼 혼자서 가라.

해탈로 이끄는 자애, 자비, 기쁨, 평정을 닦으며 세상의 방해 없이 무소의 뿔처럼 혼자서 가라.

욕망과 증오, 어리석음을 버리고 모든 속박을 부수어 버리며, 죽음에 당면해도 용감하게 무소의 뿔처럼 혼자서 가라.


숫타니파타의 이 명구들은 스승과 교단에 대해서는 언급이 없다. 친구, 아내, 자식, 그리고 세상의 모든 것에 속박 받지 않고, 죽음도 두려워하지 않고 무소의 뿔처럼 혼자서 가라고 외치고 있을 뿐이다. 그 자신이 인류 역사상 최고의 스승이라고 자임하던 석가는 수많은 수행자들이 자신의 가르침을 받고 깨달음을 열어가는 것을 보면서 환희한다. 자신은 독각으로 성불했지만 제자들은 자신의 가르침을 따라 근본지에 도달할 수 있다는 사실을 그는 알고 있었고, 바로 그 이유 때문에 죽을 때까지 설법을 멈추지 않았던 것이다. 그리고 그의 가르침에 따라 성불하고자 하는 무리들에 의하여 불교라는 종교가 형성되어 오늘에 이르고 있다.

여기서 한 가지 교훈을 발견한다. 즉 불교 교단이라는 거대한 조직 속에서 앞선 승려들의 경험을 받아들여 바른 길을 가고자 하는 것은 옳다. 그러나 그것만이 불교의 전부라고 우기는 것은 잘못이다. 제2, 제3의 불타가 태어날 길을 스스로 차단하는 것이기 때문이다.

홀로 큰 깨달음에 이른 석가는 환희심을 이기지 못하고 이렇게 생각한다.

"나는 법을 깨달은 사람이다. 나는 이 법을 존경하고 경배하며 의지하겠다."

그 때 세계의 주인인 범천(梵天)이 세존 앞에 나타나더니 합장하고 이렇게 말했다.

"그렇습니다. 세존이시여. 행복하신 분이시여. 존귀한 분이시여. 과거세에 숭배 받은 사람, 올바르게 깨달은 사람, 세존이셨던 분들도 오직 법(法)만을 존경하고 경배하고 의지하셨습니다. 또 미래세에도 그리할 것입니다. 현재세에 숭배 받는 사람, 올바르게 깨달은 사람인 세존께서도 오직 법만을 존경하고 경배하며 의지하십시오."　　　　　　　(상윳타 니카야)

'자귀의 법귀의(自歸依 法歸依)'의 대원칙을 정립한 것이었다.

그에게는 스승이 없었다. 그 자신이 스승이자 법이었다. 그는 신이 아니라 사람이었다. 이 사실을 한 번도 부정하지 않았다. 마음 속에는 터럭만한 욕망도 남아 있지 않았다. 신이 되고자하는 욕망이 있었으면 그는 신이 될 수도 있었다. 그러나 그는 인간의 위치에서 떠나지 않았다. 그는 또 승리자였다. 홀로 싸워 열반을 쟁취한 승리자였다. 어떤 누구도 그에게 대적할 상대는 없었다. 더 이상 투쟁할 대상이 남아 있지도 않았다. 그의 마음 속은 평안했고 고요했다. '물 속에서 자랐지만 더러운 물에 젖지 않고 물 밖으로 나와 있는 연꽃처럼' 그는 세상을 이겼다. 그러나 '연꽃이 물을 떠나지 않는 것처럼' 그도 세상을 떠나지 않고 그 속에 머물고 있었다.

큰 깨달음을 얻은 뒤 석가의 명상은 여러 나무 아래로 옮겨 앉으며 이어졌다. 1주일이 지나고 3주가 지나고 다시 네 번째의 이레가 지났다. 이 무렵 석가가 큰 깨달음을 증득했다는 소문이 퍼져나갔다. 스스로 입을 열어 말하지 않았으나 겉으로 보기만 해도 그가 얼마나 큰 기쁨에 젖어 있는지 금방 알 수 있었다. 그리고 이 소문은 방송도 신문도 없던 그 시절이었으나 수행하는 사문들의 입을 타고 빠르게 번져 나갔다.

어느날 장사꾼 타풋사와 발리카 두 사람이 라쟈타나 나무 아래 위대한 깨달음을 증득한 성인이 있다는 말을 듣고 보리 과자와 꿀 경단을 가지고 찾아와 공양을 올리며 경배했다.

"존귀하신 분이시여. 우리는 세존의 가르침에 귀의합니다. 세존이시여. 우리를 재가

신자(優婆塞)로 받아 주십시오. 오늘부터 목숨이 다할 때까지 귀의하겠습니다." (율장)

이들 상인 두 사람이 세상에서 처음으로 위대한 각자 석가에게 귀의를 다짐한 재가신자였다. 아니, 출가(出家)와 재가(在家)를 통틀어 최초의 귀의자였다. 석가의 가르침에 귀의한 최초의 제자가 재가신도였다는 점을 주의 깊게 살펴 볼 필요가 있다.

이처럼 귀의자가 나타나고 보니 외로운 독각(獨覺)의 성자 석가도 마음이 흔들렸던 것 같다. 석가의 마음이 흔들리고 바뀔 때마다 그 계기를 만들어주곤 했던 범천이 이번에도 나타난다.

그 때 세존은 홀로 조용하게 명상에 잠겨 있었는데 이런 생각이 떠올랐다.

'내가 깨달은 이 진리는 심원하고 알기 어렵고 보통의 사색으로는 닿지 못하는 경지이며 너무나 미묘하여 현자만이 능히 알 수 있는 법이다. 그러므로 내가 이 법을 설한다 하더라도 사람들이 내 말을 알아듣지 못한다면 내게는 피로와 실망만 남게 될 것이다. 애써 내가 깨달은 법을 지금 설하여 실망만 안게 될 필요가 있을까? 사람들은 탐욕과 증오에 사로잡혀 이 진리를 깨닫기가 쉽지 않다. 이 법을 설하는 것은 탐욕과 증오에 사로잡힌 세상의 흐름에 정면으로 거역하는 것이다. 그리고 사람들은 이 법을 바로 볼 수가 없을 것이다.' (상윳타 니카야)

석가가 이처럼 소극적으로 되어 깨달음을 혼자 품고 움직이려 하지 않자 예의 그 범천이 나타난다. 물론 악마와 마찬가지로 범천 또한 석가 내면의 한 그림자이다. '상윳타 니카야'는 그 장면을 이렇게 전하고 있다.

"아아, 이 세상은 마침내 파멸하는구나. 올바르게 깨달아 법을 아는 사람의 마음이 아무것도 하고 싶지 않다는 쪽으로 기울어져 가니 이 세상은 마침내 멸하는구나. 부디 세존께서는 자리를 박차고 일어나 가르침을 설해 주소서. 행복하신 분이여. 미혹한 중생들에게 가르침을 베푸소서. 이 세상에는 더러움에 물들지 않아 세존의 가르침을 이해할만한 사람들도 많습니다. 만약 세존께서 가르침을 베풀지 않으면 그들은 미혹한 채로 살아갈 수 밖에 없으나 세존의 가르침을 듣는다면 금방 깨닫게 될 것입니다."

석가의 내면적 갈등은 치열했다. 그는 6년이나 고행을 하는 동안 함께 수행했던 수많은 스승들과 사문들을 떠올렸다. 브라흐만들도 생각해 보았다. 그들은 뭔가 성취하기 위하여 육신을 학대하고 온갖 고행을 마다하지 않으나 견고한 울타리를 깨지 못하고 그 속에 갇혀 있었다. 수행자들은 그러하거니와 세속에 살고 있는 자들의 미혹은 더 말할 필요도 없는 일이었다. 이런 자들에게 자신이 깨달은 법(다르마)을 설하는 것이 과연 가능할까? 그는 머리를 저었다. 그러다가도 세상을 이대로 버려둔다는 것, 큰 깨달음을 혼자 지니고 가야한다는 것이 합당한 일인가 하는 자문에도 역시 고개를 저었다. 그 때 범천이 간곡하게 '자리를 박차고 일어나 세상을 향해 나아가도록' 청한 것이었다. 마침내 석가는 자리를 박차고 일어났다. 역사적인 순간이었다.

# 3. 영원한 것은 없다

## 1. 영웅, 일어서다

석가가 발견한 진리는 모든 존재의 발생과 소멸의 법칙인 연기법(緣起法)과 진리의 핵심인 중도(中道)의 법칙이었다. 그 진리는 석가가 발견하지 않았다면 없는 것일까? 누가 발견하고 말고 상관 없이 그 진리는 진리 자체로서 존재하고 기능하는 것이다. 그러면 석가는 누구이며 그 위상은 무엇인가? 아무도 발견하지 못했던 그 진리를 혼자만의 수행(명상)을 통하여 발견한 선각자이자 전파자일 뿐이었다. 이제 그 선각자이자 전파자인 사람이 진리를 설하고 전파하기 위하여 미혹한 중생의 세계로 무거운 발걸음을 처음 떼놓았다. 그가 끝내 진리를 혼자 안고 살다가 갔으면 어떻게 되었을까? 석가의 가르침이 없는 인간의 역사는 어떻게 전개되었고 오늘날의 문명은 또 어떤 모습이었을까? 생각하면 아찔한 순간이었다.

석가가 법을 가르쳐 중생을 미혹에서 건지겠다고 작심하고 자리를 털고 일어섰을 데 제일 먼저 떠오르는 사람은 지난 날 그가 가르침을 받았던 선인(仙人) 알라라 칼라마와 웃다카 라마풋다 두 사람이었다. 이들 두 선인들은 석가가 자신의 문하에서 누구보다 열심히 정진하여 빠른 시간 안에 자신들이 이르른 경지에 도달하는 것을 보고 진심으로 기뻐한 사람들이었다. 그들은 석가가 자신의 교단을 떠나려 하자 처음에는 간곡한 말로 말렸으나 붙잡지 못할 것을 알고는 "사문이여. 그대가 더 없는 법을 깨닫거든 반드시 나에게 먼저 설할 것을 약속해 다오." 했고, 석가는 그들에게 그러마고 약속을 하고 떠났었다. 그러나 짧지 않은 세월이 흘렀다. 더없는 바른 법을 증득한 석가가 기쁨을 함께 나누고자 알라라 칼라마를 찾아갔으나 그는 이미 세상을 떠난 후였다. 다음에는 웃다카 라마풋다를 찾아갔으나 그 역시 이 세상 사람이 아니었다. 석가의 마음은 급해졌다. 조금 더 일찍 법을 얻어 그들을 찾았더라면 하는 아쉬움이 있었다.

　그 때 문득 생각나는 사람들이 있었다. 카필라성을 나와 출가한 이래 줄곧 그를 그림자처럼 따라다니던 석가족의 수행자들, 다섯 명의 사문이었다. 그들은 먼발치에서 석가를 추종하다가 석가가 스승들을 버리고 홀로 걷기 시작하더니 마침내 '고행을 참지 못하고' 보리수 나무 아래에서 양치기 처녀가 공양하는 양젖을 받아먹는 것을 보고 크게 낙담하여 석가를 버리고 떠나가버린 사람들이었다. 그들은 베나레스(바라나시) 교외 미가다야(녹야원)의 수행자 집단인 이시바라나에 머물고 있었다.

　녹야원으로 가는 도중에 석가는 나체로 고행하는 사문 한 사람을 만났다. 우바가라는 이름이었다. 수인사를 나눈 후에 우바가가 말했다.

"사문이여. 당신의 얼굴은 평화로워 보입니다. 당신은 지혜로운 사람이거나 지혜로운 분으로부터 가르침을 받는 사람이 분명해 보입니다. 당신의 스승은 누구입니까? 그분은 어떤 것을 가르칩니까?"

석가는 대답했다.

"나는 일체 만물의 근본을 아는 사람이오. 일체의 고뇌로부터 떠나 고뇌를 이긴 승리자이며 욕망과 갈애(渴愛)를 멸하여 해탈했소. 그러나 이 길은 나 스스로 증득한 것이지 어느 누구에게 배운 것이 아닙니다. 나에게는 스승이 없소."

"아, 그래요? 그러시겠지."

나체의 고행자 우바가는 가볍게 비웃어주고 떠나가 버렸다. 만약 우바가가 석가의 말에 귀를 기울여 주었다면 불교의 역사는 다르게 씌어졌을 것이다. 초전법륜(初轉法輪)의 장소와 내용이 달라졌을 것이기 때문이다. 석가도 실망했다. 그러나 석가족의 다섯 사문, 그들은 자신의 말에 귀를 기울여 줄 것이라고 믿었다.

멀리서 석가가 자신들을 향하여 걸어오고 있는 것을 보고 다섯 사람들은 서로 의논했다.

"저 사람이 누구냐? 고다마 싯달타가 아니냐?"

"고다마 싯달타, 실패한 수행자, 높은 뜻을 가지고 왕성의 호사를 버리고 출가한 사문, 그러나 오랜 고행 끝에 마침내 악마의 꾐에 빠져 실패한 수행자, 슬픈 인생이다."

"그가 무엇 때문에 여기 오고 있는지 알 수 없으나, 우리는 그를 아는 척하지 말자. 그가 옆에 와도 자리를 내 주지 말도록 하자. 저 사람은 이제 쓸모가 없는 사람이 돼버렸다."

쓸모없는 사람 고다마 싯달타가 그들을 향해 똑바로 걸어오고 있었다. 석가가 가까이 다가오자 이상한 일이 일어났다. "그가 와도 인사를 하거나 자리를 내 주지 말자"고 강하게 말했던 사람이 제일 먼저 벌떡 일어나 석가를 향해 공손하게 인사했다. 다른 한 사람은 얼른 달려가 석가의 손에서 발우를 받아 들었고, 다른 한 사람은 자리를 만들어 석가가 편히 앉을 수 있게 해 주었다. 이렇게 다섯 수행자들은 앞을 다투어 석가를 환영하고 지난 날과 같이 그를 시봉하는 자세로 돌아갔다. 그들이 완강했던 마음을 바꾸어 석가를 영접했던 것은 석가에게서 알 수 없는 위엄, 전에 누구에게서도 경험하지 못했던 품위를 발견했기 때문이었다. 비록 싯달타 태자를 보호하기 위한 출가였지만 6년이라는 긴 세월 동안 수행했던 그들은 단박에 알아차렸다. 이 사람이 큰 깨달음을 얻었다는 것, 그리고 더 없이 높은 지혜를 증득했다는 것을. 말을 하지 않아도 석가의 표정과 온몸에서 풍겨 나오는 위엄만으로도 그것을 짐작하고 인사를 하고 발우를 받아들고 자리를 만들어준 것이었다. 그러나 그들은 속에 잠겨 있던 의문을 다 지우지는 못하고 있었다.

'이 사람은 고행을 버리고 세속의 욕망을 따라 갔다. 그런 그가 큰 지혜를 얻었다는 것은 이상하지 않은가? 더 치열하게 고행하는 사문들은 어쩌란 말인가?'

그들은 일단 자리를 내주고 옛 왕자에 대한 예우로 의례적인 환영을 했을 뿐 수행자 싣달타로부터 들을 말은 없다는 듯이 냉담한 표정으로 돌아갔다. '잠시 쉬었다가 가 주세요.' 하는 표정이었다.

그들의 혼란스러운 마음을 읽고 있었던 것처럼 석가가 입을 열었다.

"수행자들이여. 잘 들으라. 나는 죽음을 초월했고, 일체 고뇌를 멸하여 해탈했다. 내 그대들에게 이 값진 진리를 가르쳐 주려고 여기까지 찾아왔다. 내가 법을 설하리니 귀를 기울이라."

그러나 다섯 수행자들은 들은 척도 않고 딴전을 피웠다. 석가는 참을성 있게 거듭 권했다. 세 번을 같은 말로 반복해도 다섯 수행자들은 귀를 열지 않았다. 한 두 사람이 경청할 제세를 취하다가도 다른 동료들의 눈치를 살피면서 원래의 냉담한 자세로 되돌아가는 것이었다.

"석가족의 수행자들이여. 내가 지금까지 그대들에게 이렇게 말한 적이 있던가? 나는 어제의 싣달타가 아니다. 나는 최상의 지혜를 증득하여 해탈에 이른 승리자이다. 그러므로 내 말에 귀를 기울이라."


## 2. 중도대선언(中道大宣言)


그러자 그들은 겨우 자세를 바로 했다. '어디 한 번 들어나 보자' 는 태도였다. 한 사람이 비꼬는 투로 질문했다.

"당신은 대체 어떤 방법으로 수행하여 승리자, 깨달은 자가 되었습니까?

그 깨달음이라는 것은 또 무엇입니까? 우리는 두 눈으로 보았습니다. 당신이 고행을 버리고 악마의 꾐에 빠져 쉽고 편안한 길로 들어서는 것을."

석가는 거침없이 대답했다.

"수행자들이여. 세상에는 두 변(邊)이 있으니 모름지기 출가 수행자는 두 변의 어느 한 쪽에 치우치지 말아야 한다. 무엇을 두 변이라 하는가.

첫째는 여러 욕망에 끄달리어 탐착하는 일이니 이것은 비천한 범부의 소행이다.

두 번째는 스스로 번뇌하고 고뇌하여 괴로움을 만들어내고 그 속에 잠기는 것도 바른 길이 아니다. 수행자들이여. 여래는 이 두 변을 버리고 중도(中道)를 바르게 깨달았느니라."

석가는 먼저 알기 쉽게 고(苦)와 낙(樂)의 두 변을 예로 들어 양변에 치우치거나 떨어지지 않아야 진리에 가까이 다가갈 수 있다는 것을 강조함으로써 당시 유행하고 있던 고행주의와 세속의 비천한 행락을 동시에 지양하였다. 그런 다음 선(善)과 악(惡), 유(有)와 무(無)의 상대적인 양변에 빠지는 것을 경계하였다. 고와 낙의 양변을 버리고 탐착하지 말아야 한다는 것은 세간의 고와 출세간의 낙을 동시에 버리라는 것이었다. 열반을 성취했다 하더라도 그 열반에 집착하여 머물지 않아야 한다는 것이었다. 석가 세존이 정등각(正等覺)을 이룬 이래 역사상 최초로 행한 설법에서 그는 먼저 중도(中道)의 법을 내놓았다. 이를 불교사에서는 '중도대선언(中道大宣言)' 이라 하고 서양의 일부 불교학자들은 '진리의 왕국 건설(the Foundation of the Kingdom of Righteousness)' 로 표현하기도 했다.

중도의 진리는 석가가 근본 명상을 통해 얻은 진리의 근간이었다. 그러나 설법을 듣는 다섯 수행자들은 석가가 말하고자 하는 깊은 뜻을 다 이해하지는 못하였다. 그들은 쾌락과 지나친 고행을 모두 멀리해야 한다는 수행방법상의 견해 차이 쯤으로 간파하고 다시 물었다.

"승리하신 분, 고귀하신 분이여. 중도의 수행을 통하여 당신이 깨달은 것이 무엇입니까?"

드디어 설법의 단초를 얻었으므로 석가는 곧바로 우주만상의 존재 양태에 대한 자신의 통찰을 설명했다.


## 3. 사물은 홀로 존재하지 않는다

"수행자들이여. 그대들에게 연기(緣起)와 연생법(緣生法)을 설하리니 잘 듣고 깨달으라.

수행자들이여. 연기란 무엇인가.

수행자들이여. 생(生)에 연(緣)하여 노사(老死)가 있느니라. 여래가 세상에 나오지 않아도 이 법은 정해져 있는 것이며 모든 사물의 성품은 상의성(相依性)이니라. 여래는 이것을 증득하고 이것을 아느니라. 증득하고 알아서 분별하고 명료하게 하여 '너희들은 보라'고 하느니라. 수행자들이여, 무명(無明)이 있으므로 형성(行)이 생겨나고 형성을 조건으로 의식(識)이 생겨나며, 의식을 조건으로 명색(名色)이 생겨나고, 명색을 조건으로 여섯 감각(六處)이 생겨나며, 여섯 감각을 조건으로 접촉(觸)이 생겨나고 , 접촉을 조건으로 느낌(受)이 생겨나고, 느낌을 조건으로 갈애(愛)가 생겨나고, 갈애를 조건으로 집착(取)이 생겨나고, 집착을 조건으로 존재(有)가 생겨나고, 존재를 조건으로 태어남(生)이 있으며, 태어남을 조건으로 늙음과 죽음(老死)이 생겨난다. 이와 같이 해서 모든 괴로움의 다발들이 생겨난다.

수행자들이여, 들으라.

그러므로 무명이 소멸하면 형성이 소멸하고, 형성이 소멸하면 의식이 소멸하고, 의식이 소멸하면 명색이 소멸하고, 명색이 소멸하면 여섯 감각이 소멸하고, 여섯 감각이 소멸하면 접촉이 소멸하고, 접촉이 소멸하면 느낌이 소멸하고, 느낌이 소멸하면 갈애가 소멸하고, 갈애가 소멸하면 집착이 소멸하고, 집착이 소멸하면 존재가 소멸하고, 존재가 소멸하면 태어남이 없으며, 태어남이 소멸하면 늙음과 죽음이 소멸한다. 이와 같이 해서 모든 괴로움의 다발이 소멸한다.

이것은 여래가 세상에 나오거나 나오지 않거나 이미 정해져 법으로 확립되어 있는 것이니 곧 서로 의지하는 성품이니라. 여래는 그것을 증득하고 알아서 분별하고 명료하게 하여 '너희들은 보라' 고 말하느니라.

수행자들이여, 무명(無明)에 연하여 행(行)이 있느니라. 이같은 상의성의 법을 연기라고 하느니라.

수행자들이여, 연기란 무엇인가.

노사(老死)는 무상(無常), 유위(有爲), 연생(緣生), 멸진(滅盡)의 법이고 패괴(敗壞)의 법이고, 탐욕을 떠나야 할 법이며, 멸의 법이니라.

수행자들이여, 생(生), 취(取), 애(愛), 수(受), 촉(觸), 육처(六處), 명색(名色), 식(識), 행(行), 무명(無明)은 무상(無常)의 법이고, 유위(有爲)의 법이며, 연생(緣生)의 법이며, 멸진(滅盡)의 법이니라. 그것은 탐욕을 떠나야 할 법이고 멸의 법이니라. 수행자들이여, 이를 연기의 법이라 하느니라."

다섯 수행자들은 갑자기 눈이 밝아지는 것을 느꼈다. 그들은 약속이나 한 것처럼 땅바닥에 이마가 닿도록 절하고 말했다.

"거룩한 분이시여. 이런 말은 그 누구로부터도 아직 들어본 일이 없습니다. 우리는 당신이 큰 지혜를 얻기를 누구보다 확실히 믿고 기다려 왔습니다. 청컨대 당신의 지혜를 더 나누어 주십시오. 우리, 인간은 대체 무엇입니까?"


## 4. 인간이란 5온의 집합체일 뿐

석가는 대답했다.

"수행자들이여, 인간, 즉 나는 무엇인가?

그것은 다섯 가지 다발의 무더기일 뿐이다. 다섯 가지 다발(五蘊)이란 몸뚱이(色), 느낌(受), 인식(想), 심리현상(行), 알음알이(識)이다. 그 다섯 가지 다발의 무더기가 나이다. 그리고 너이다. 그 다섯 가지 다발을 빼고 나면 나라고 할만한 것은 아무 것도 남지 않는다."

"그럼 세상은 또 무엇입니까?"

"세상은 12처(十二處)이다. 신이비설신의(身耳鼻舌身意)의 내육처(內六處)와 이에 상응하는 색성향미촉법(色聲香味觸法)의 외육처(外六處)가 서로 원인이 되고 결과가 되어 얼키고 설키면서 만들어낸 것이다. 여기에 항상(恒常)하는 것이 있겠는가?"

"항상하는 것이 없습니다. 존귀하신 분이여."

"그러므로 일체의 존재는 유위법(有爲法)이며, 제행(諸行)은 생성과 소멸을 거듭하므로 무상(無常)하다. 다섯 다발로 이루어진 내 존재 역시 항상하는 것이 없으므로 근본 무아(無我)이다. 수행자들이여, 일체 만물(諸法)은 무아(無我)이다. 이같은 존재의 근본을 밝히어 괴로움을 멸진하면 열반에 이르게 된다."

"가르쳐 주십시오. 열반에 이르는 길을."

다섯 수행자들은 마음에 벼락을 맞은 것 같았다.

"수행자들이여, 내가 이미 말하지 아니하였느냐. 열반에 이르는 길은 괴로움을 소멸하는 길이며, 그것은 중도(中道)라고."

"존귀하신 분이여. 청컨대 열반에 이르는 길을 구체적으로 설하여 주십시오."

"수행자들이여, 열반에 이르는 길에는 네 가지 성스러운 진리(四諦)와 여덟 가지의 바른 길(八正道)이 있다.

먼저 고(苦)에 대한 성스러운 진리가 있다. 태어남은 괴로움이다. 늙음은 괴로움이다. 죽음은 괴로움이다. 사랑하지 않는 것과 만나는 것도 괴로움이고 사랑하는 것과 헤어지는 것도 괴로움이다. 바라는 것을 얻지 못하는 것도 괴로움이다. 다섯 가지 집착의 대상(五取蘊)은 괴로움이다.

수행자들이여, 고의 원인에 대한 성스러운 진리가 있다. 고의 원인은 쾌락과 탐욕으로 생(生)을 거듭하며, 쾌락을 찾는 갈애(渴愛)에 있다. 갈애는 욕애(欲愛)와 유애(有愛), 무유애(無有愛)가 포함된다.

수행자들이여, 고를 소멸시키려면 어떻게 해야 하는가?

이에 대한 성스러운 진리가 있다. 욕망을 완전히 없애고 욕망을 끊고 욕망을 버리고 욕망에서 해방되고 욕망에 자리를 내 주지 않음으로써 이 갈애를 소멸시키는 것이다.

수행자들이여, 이제 고의 소멸로 이끄는 성스러운 진리를 말하겠다. 그것은 여덟가지의 성스러운 길(八支聖道)로서 정견(正見), 정사(正思), 정어(正語), 정업(正業), 정명(正命), 정정진(正精進), 정념(正念), 정정(正定)이다. 이처럼 나는 괴로움의 진리, 괴로움의 원인에 대한 진리, 괴로움의 소멸에 대한 진리, 괴로움의 소멸에 이르는 길에 대한 진리를 깨달았다. 이것은 일찍이 들어본 적 없는 최상의 진리이다. 신과 악마와 범천과 여러 수행자와 브라흐만을 통틀어 인간의 세계에서는 최상의 온전한 깨달음을 얻었다. 그리하여 나는 흔들림 없는 해탈을 얻었으니 다시는 윤회하는 일이 없을 것이다."

다섯 수행자들은 석가의 해탈을 기뻐하고 자신들이 일시적이나마 실망하여 발길을 돌린 것을 후회하고 사죄했다. 일행 중 꼰단냐가 말했다.

"존귀한 분이시여, 저는 무엇이든 생긴 것은 소멸하며, 소멸하는 것은 괴로움이라는 것을 알았습니다."

석가도 기뻐했다.

"꼰단냐는 제대로 알았구나. 꼰단냐는 깨달았구나."

"저는 위대한 스승이신 세존께 출가하여 구족계를 받기를 원합니다."

"앞으로 나아오라, 수행자여. 괴로움의 온전한 소멸을 위하여 청정한 수행을 하여라."

수행자 꼰단냐는 석가의 제자들 중 최초로 구족계를 받았다. 석가는 이들 다섯 사람을 대상으로 자신이 깨달은 것, 깨달은 이후 보리수 나무 아래서 여러 날에 걸쳐 명상에 젖어 순관(順觀)과 역관(逆觀)을 거듭하며 살펴본 진리들을 토해냈다. 석가를 포함한 일행 여섯 명 중 세명이 탁발을 나가면 나머지 두 사람을 놓고 석가는 가르침을 베풀었다. 이렇게 하여 왑빠, 밧디야, 마하나마, 앗사지 등도 '무엇이든 생겨난 것은 소멸한다'는 진리를 깨닫게 되었고, 석가에게 청하여 구족계를 받았다. 이 때의 구족계란 뒷날 교단 성립 이후 율장이 갖추어진 이후의 구족계와는 달리 "괴로움의 완전한 소멸을 위하여 청정하게 수행하라"는 스승 석가의 당부와 이를 실천하기로 약속하는 수행자들의 신념으로 이루어진 것이었다. 제대로 된 구족계의 원형이라 할 것이다.

가르치는 스승과 배우는 제자들 모두 열정적이었다. 다섯 수행자들은 마른 땅에 물이 스며들듯 석가의 가르침을 온몸으로 녹여 빨아들였다.

녹야원에서 베푼 최초의 설법에서 석가는 연기의 법으로 존재의 실상에 대한 깨달음을 설파했으며 중도를 선언하고 해탈에 이르는 네 가지 성스러운 진리와 여덟가지 바른 길을 제시했다. 그리고 우주만상은 항상하지 않으며(諸行無常), 항상하지 않는 것은 괴로움(一切皆苦)이고, 항상하지 않는 것은 무아(諸法無我)라는 삼법인(三法印)을 세웠다. 비록 세련된 수사(修辭)는 아니었고 체계적인 구조를 지니기에는 미흡한 면이 있었으나 이후 긴 세월에 걸쳐 석가가 설법한 방대한 불교 진리의 기초가 이미 이 때 다 마련된 것이었다.


## 5. 젊은 야사의 눈에 비친 욕망의 그늘

그 무렵 바라나시에는 큰 부호의 아들로 제왕에 못지 않은 호사한 생활을 하던 야사라는 청년이 있었다. 대체로 부(富)는 욕망 실현의 수단으로 사용된다. 야사도 예외가 아니었다. 저택은 궁전처럼 호화롭게 치장했다. 석가족의 태자 싯달타가 지난날을 회고할 때 말했듯이 계절마다 사용하는 별장이 따로 있었고, 정원에는 아름다운 꽃을 심어 향기가 진동했으며 맛있는 요리와 아름다운 여자들이 주변에 넘쳐나고 있었다. 날마다 연회를 하고 악사를 불러 음악을 즐겼으며 춤을 추거나 구경하며 환락에 젖었다. 어느날 친구들을 부르고 많은 여자들을 불러 함께 마시고 춤추고 노래 부르고 배부르게 먹다가 잠이 든 야사는 다음날 아침 일찍 잠에서 깨어 일어났다가 쓰레기통 같은 어젯밤의 흔적을 발견했다. 젊고 아름다운 여자들이 화장이 벗겨진 추한 모습으로 여기 저기 자빠져 잠들어 있었고, 술과 음식을 포식하고 토한 오물이 널려 있었다. 그 추한 모습을 보다가 야사는 충격을 받았다. 그는 머리를 쥐어뜯으며 탄식하고 괴로워하다가 은둔자들이 몰려 있는 사슴동산(녹야원)으로 갔다. 마침 새벽 행선(行禪)을 하던 석가 세존과 만났다.

"그대 모습이 왜 그런가?"

석가가 물었다.

"괴롭습니다. 너무나 괴롭습니다."

"여기에는 괴로운 것은 없다. 여기에는 고통도 없다. 이리 와서 앉거라. 내 그대를 위하여 가르쳐 주겠다."

야사가 앉자 석가는 수행이라고는 해 본 일이 없는 젊은 청년이 알아들을 수 있는 쉬운 이야기부터 시작하여 감각적 쾌락의 덧없는 본질에 대하여 설명하고 진정한 즐거움은 이런 감각적 쾌락을 버렸을 때 찾아온다는 것을 설파했다. 야사가 자신의 말을 알아듣고 감동하는 모습을 보고 석가는 이 청년의 그릇을 파악했다. 그리고 존재의 참모습이 무상하고 영원한 행복도 없으며 모든 존재는 그 자체가 괴로움이며 이 괴로움에서 벗어나 해탈에 이르는 길을 자세히 알려주었다. 야사는 큰 기쁨을 느꼈다. 그는 석가 세존에게 큰절로 경배하고 제자로 받아들여 줄 것을 간청했다. 이리하여 부자집 망나니 같았던 청년 야사는 석가의 여섯 번째 제자가 되었다. 야사가 출가하자 야사의 부모가 찾아와 석가의 설법을 듣고 재가 신도가 되었고, 이어 야사의 친구들이 줄줄이 계를 받고 출가했는데 그 수가 50명이 넘었다. 그들 대부분은 당시 바라나시의 훌륭한 집안의 자제들이었다.

석가는 바라나시를 떠나 우루웰라로 갔다. 도중에 길에서 벗어나 숲속의 나무등걸에 앉아 쉬고 있었다. 이 때 유흥을 나왔던 양가집 자제들 30명이 석가의 설법을 듣고 귀의하였고, 우루웰라에서는 배화교도인 깟사빠 3형제가 귀의했으며 이들을 따르던 1천명의 제자들도 석가 부처님의 제자가 되었다. 갑자기 큰 교단으로 발전한 것이었다. 그리고 이들을 데리고 라자가하로 갔을 때 마가다국의 세니야 빔비사라왕이 석가를 찾아와 문답한 후 귀의하고 자신의 소유인 대나무숲를 기증함으로써 석가 교단이 머물 수 있는 공간을 확보해 주었다. 이어서 라자가하의 큰 부자가 나서서 대나무숲에 많은 수행자들이 거처할 수 있는 집을 지어 주었다. '죽림정사(竹林精舍)'로 불교 교단 최초의 사찰이었다.

그 무렵 라자가하에는 방랑 수행자로 앞서 6사외도 중의 한 사람으로 소개했던 산자야가 250명의 제자들과 함께 머물고 있었다. 산자야의 제자들 중 사리풋다와 목갈리나 두 사람은 산자야의 무리들 중에서도 청정 수행으로 이름난 사람들이었다. 이들 두 사람은 서로 "두 사람 중 누가 먼저 해탈의 경지에 이르게 되면 다른 사람에게 그 경지를 일러주어 함께 해탈하도록 하자"고 약속하고 지내던 사이였다. 출가 수행자들 중에는 이런 약속을 하고 지내는 경우가 많았다. 예를 들어 석가 자신도 출가 후 한동안 가르침을 받았던 알라 칼라마라와 웃다카 라마풋다 두 사람의 문하를 떠날 때 그들 두 사람으로부터 "그대가 위 없는 진리를 증득하였을 때 반드시 돌아와 그 소식을 전해주기 바란다"는 청원을 들었고 석가는 그렇게 하기로 약속한 바 있었다. 그러나 석가가 마침내 보리수 나무 아래서 정등각을 이루고 최초 법을 설해 줄 대상으로 그들 두 사람을 찾았을 때는 이미 그 두 사람은 죽고 없어 결국 약속을 이행할 수 없게 되고 말았던 것이다.

어느 날 사리풋다가 탁발을 하다가 같은 탁발을 하러 나온 석가의 문도 수행승 앗사지를 보았다. 앗사지의 행동거지가 지금까지 보아 온 다른 수행승들과 달랐다. 의젓하고 당당했으며 얼굴에는 확신과 지혜가 넘치고 있었다. 사리풋다는 앗사지에게 다가가 말을 걸었다.

"존귀한 분이여, 당신의 얼굴은 밝고 빛이 납니다. 당신의 온몸에서 지혜와 확신이 넘쳐나고 있습니다. 당신의 스승은 누구입니까? 그분은 무엇을 어떻게 가르칩니까?"

앗사지는 자신은 석가족의 해탈자인 세존으로부터 가르침을 받고 있다고 말하고, 이어 모든 사물은 서로 원인이 되고 결과가 되어 상의성을 가지고 존재하며 항상하는 것은 없고 삶은 고뇌이며, 고뇌로부터 해방되는 길이 있어 우리 스승은 그 길을 가르쳐 주신다고 말했다.

사리풋다는 오랜 염원이던 진리가 바로 이것이라고 확신했다. 돌아온 그의 얼굴을 보고 목갈라나가 물었다.

"벗이여? 그대 얼굴에 평화와 즐거움이 가득하군요. 해탈의 경지에 이르렀습니까?"

"그렇습니다. 벗이여. 나는 불사의 경지에 이르렀습니다."

사리풋다는 도반에게 석가 세존의 가르침을 전했다. 큰 감동을 받은 목갈라나는 사리풋다를 재촉하여 석가의 죽림정사로 가서 귀의했다. 산자야 문하의 250명 제자들도 사리풋다와 목갈라나를 따라 석가에게 귀의했다. 이렇게 하여 석가를 스승으로 모시고 그 가르침을 받아 해탈에 이르고자 하는 사문의 무리들이 날마다 늘어나 마침내 당시 인도 북부 지방에 우후죽순처럼 일어나던 종교단체들 중 가장 크고 강한 신흥 수행자 단체들 중 하나가 되었다.

# 제2부

# 석가는 이렇게 말하였다

# 1. 중도(中道)는 길이 아니다

## 1. 어떤 순서로 설하였을까

석가가 6년의 고행과 깊은 명상 끝에 마침내 무상(無上)의 깨달음을 얻고 이를 반추하면서 다시 오랜 시간 좌선한 다음 처음에는 자신이 깨달은 세계를 알아듣는 사람이 없을 것으로 판단하여 전법할 엄두를 내지 않다가 범천의 거듭된 권청에 의하여 중생들을 미혹의 바다에서 건지기로 작정하고 전법의 길을 나선다. 그로부터 45년간 이 위대한 각자의 가르침은 내를 이루고 바다가 되어 인류의 정신사에 지울 수 없는 족적을 남기게 된다.

우리는 제1부에서 석가가 깨달은 바를 다섯 수행자를 비롯한 초기 추종자들을 상대로 뜨거운 열정을 가지고 설법했던 저간의 경위와 사정을 살펴보았다. 그러나 아직도 해결되지 않는 문제는 석가가 보리수 아래서 스스로 큰 감동을 느꼈던 그 대사건, 즉 깨달음을 얻었을 때 정확하게 그 내용이 무엇이었느냐 하는 문제이다.

어떤 이는 〈12연기〉라 하고 어떤 이는 〈사제팔정도〉라 하며 또 어떤 이는 〈중도의 대선언〉이 먼저라 하고 어떤 이는 〈공(空)〉 사상이야말로 석가 사상의 핵심이므로 이것을 깨쳤을 것이라고 추론하는 경우도 있다. 옛 경전들 또한 이 문제에 대해 명확한 교통정리를 해놓지 않고 경전에 따라 이것 혹은 저것을 최초 설법과 깨달음의 단초라고 말하고 있어 더욱 사실을 알아내기 어렵게 만들고 있다.

정확하게 말하자면 무엇이 석가 내면에서 일어난 대폭발의 단초였는지 알아내기는 불가능하다. 다만 앞에서 든 여러 법(法)들이 서로 앞과 뒤를 이루며 어느 것이 먼저랄 것 없이 깊은 상관성을 가지고 있으므로 굳이 어느 것이 먼저이고 어느 것이 나중인지 가려낼 필요가 없다고 생각한다.

다만 논리적 구조로 보아 연기법이야말로 존재의 바탕을 꿰뚫은 것으로 모든 사유와 명상의 기본일 것이라고 판단된다. 연기에 의하여 무상과 무아가 증명되었으며 삶은 고(苦)라는 것이 밝혀지기에 이르렀으니 그 다음으로 괴로움의 원인과 괴로움의 소멸 및 소멸에 이르는 바른 길을 제시한 〈4제8정도〉가 자연스럽게 뒤를 이었을 것이며, 그 모든 사상을 관통하는 궁극적 진리로서 공(空)에 대한 통찰이 나왔을 것으로 보아도 무방하다. 그리고 자신을 추종하다가 실망하여 돌아선 석가족의 다섯 수행자들을 찾아갔을 때 석가는 수행방법으로서의 중도를 먼저 설명해야 했다. 그리고 이 중도는 뒷날 발전하여 심오한 철학적, 종교적 사유로서 위상을 정립하게 될 것이다. 그러므로 필자는 먼저 중도대선언을 맨 앞에 놓고 그 다음으로 연기법을 넣었으며 자연스럽게 4제8정도를 잇대었다.

이것들이 석가의 깨달음의 순간에 찾아온 내용이었는지 아닌지 증명할 방법은 없다. 다만 그가 다섯 수행자들을 상대로 가르친 최초의 설법, 즉 초전법륜(初轉法輪)의 내용이 이것이었던 것만은 확실한 것으로 보인다. 첫 설법을 할 때 석가는 자신이 깨달은 바를 전력을 다해 설명하려고 했을 것이다. 보리수 아래에서 큰 깨달음을 얻었을 때, 연기법의 모든 과정이 일목요연하게 순관과 역관에 따라 떠올랐던 것은 아니었다. 대각 이후 최소한 보름 가량이나 자리를 옮겨가며 앉아 그 내용을 살펴보고 체계화하였으며, 이를 대중에게 가르치기로 작정하였을 때는 무엇부터 어떻게 법을 펼쳐보여야 몽매한 대중들이 보다 쉽게 자신의 가르침을 이해할 수 있을 것인가 따져보았을 것이다. 마치 선생님들이 내일의 수업을 위하여 밤 새워 교안(敎案)을 작성하고, 스님이나 목사가 법문 또는 설교를 하기 위해 그 내용을 미리 생각해 두는 것처럼. 그리하여 석가는 어떤 사람에게는 중도를 먼저 얘기하고 어떤 사람에게는 연기법을, 또 어떤 사람에게는 4제와 8정도를 가르쳤던 것이다. 상대가 자신의 가르침을 제대로 알아듣고 마음의 평안을 얻었을 때는 가르치던 석가 자신도 뛸듯이 기뻤을 것이고, 제대로 알아듣지도 못하거나 계속하여 의혹을 버리지 못할 때는 실망도 했을 것이다.

이후 80세에 입멸할 때까지 석가의 바다 같은 가르침은 초전법륜의 바탕 위에 지은 집들과 같았다. 구조가 튼튼해지고 지붕이나 서까래를 다른 나무로 교체하는 등의 일부 손질과 보강이 있었으나 석가 세존의 가르침은 대체로 초전법륜의 테두리를 크게 벗어나지 않았다. 따라서 초전법륜의 내용을 곰곰이 씹어보는 것은 석가의 깨달음의 세계로 직접 들어가 보는 것과 같은 의미 있는 여행이 될 것이다.


## 2. 중도(中道)와 중용(中庸)

퇴옹(退翁) 성철(性徹)은 선(禪)을 실참실수(實參實修)하고 교(敎)를 두루 섭렵한, 선교양종을 겸전한 스님이었다. 스님이 1967년 해인총림(海印叢林)의 방장(方丈)으로 추대되어 해인사에 주석하면서 그 해 여름 안거 때 해인사 대적광전에서 법문을 시작하여 근 100여일에 걸쳐 불교 전체를 꿰뚫는 방대한 설법을 한 일이 있었는데 이를 두고 불가에서는 '백일법문(百日法門)' 이라 불렀다.

그 100일간에 걸쳐 행한 설법을 한 마디로 요약하면 '중도(中道)' 였다. 즉 성철스님은 불교의 요체를 중도에 있다고 보았다. 핵심을 중도사상에 두고 원시불교에서 시작하여 중관(中觀), 유식(唯識), 열반(涅槃), 천태(天台), 화엄(華嚴)을 거쳐 중국 및 우리나라의 선종사상과 현대 한국 불교의 나아갈 길까지 언급하면서 바다 같은 내용을 도도하게 개진하였다. 그 내용은 중도사상으로 선과 교를 하나로 묶고 꿰어서 불교를 설명한 것이었다. 그러므로 필자는 중도를 바로 이해하기 위하여 스님의 〈百日法門〉(藏經閣 刊)을 되풀이 읽어보았다.

"많은 출가자들이 세간의 향락을 버릴 줄만 알고 고행하는 괴로움, 이 것도 병인 줄 모르고 버리지 못하지만 참으로 해탈하려면 고(苦)와 낙 (樂)을 다 버려야 한다는 것입니다."

"중생이라는 존재는 참으로 바로 깨쳐서 해탈을 얻기 전에는 무엇을 대하든지 그것은 고(苦)가 아니면 낙(樂)이고 낙이 아니면 고라서 항상 양변에 머물러 있게 됩니다. 설사 열반(涅槃)을 성취하였다 하여도 열반 의 낙에 머물면 그것도 병으로서 중도가 아닙니다. 고와 낙을 떠난다는 것은 세간의 고(苦)·낙(樂)이라든지 모든 집착을 완전히 떠나는 것을 말 하며 고와 낙 등 일체의 양변을 떠난 경계를 중도라 합니다." (百日法門)

양변은 무수히 많다. 유와 무, 선과 악, 삶과 죽음 등등. 그 중에서 부처 님이 하필이면 고와 낙을 예로 들어 설명한 것은 당시 상황이 다섯 수행 자들을 대상으로 자신의 깨달음을 최초로 가르치는 기회인데다 이들 수 행자들이 자신의 수행방법에 회의를 느끼고 실망하여 떠난 사람들이었 기 때문이었다. 그러므로 석가는 정등각을 이루기 위해서는 고행과 쾌 락을 모두 떠나야 한다고 강조한 것이었다.

그러나 중도의 사상은 여기서 그친 것이 아니라 석가 사상의 전반을 관통하는 줄기를 이루고 있다. 중도란 무엇인가? 다시 성철스님의 설명 으로 돌아가 보자.

"불성(佛性)은 비유비무(非有非無), 즉 있는 것도 아니고 없는 것도 아 니다. 있는 것과 없는 것을 완전히 떠나면 또한 있는 것이며 또한 없는 것이니(亦有亦無) 있는 것과 없는 것이 서로 융합하게 됩니다. 그러므로 있는 것과 없는 것이 서로 통하므로 중도라 하는 것입니다."

"좀 쉬운 말로 표현하면 (중도는) 진공묘유(眞空妙有)입니다. 진공(眞空)이란 양변을 완전히 버린 쌍차(雙遮), 쌍민(雙泯), 쌍비(雙非)입니다. 이 진공이란 유(有)에 상대적인 공(空)이 아닌 공과 유를 다같이 버리는 것을 말합니다. 공과 유를 다같이 버린다고 하여 단멸공(斷滅空)에 떨어지면 공에 떨어진 외도(落空外道)가 되고마니 그것도 변견(邊見)입니다. 그러한 단멸공이 아닌 진공이 되면 상대적인 공과 유를 떠난 묘유가 됩니다. 묘유란 상대적인 공과 유가 서로 통하여 '색즉시공(色卽是空) 공즉시색(空卽是色)의 묘유가 성립된다는 것입니다."

"대부정(大否定)하여 대긍정(大肯定)이 된다하니 그 긍정을 차별적인 긍정으로 알면 안됩니다. 이것은 묘한 있음(妙有)이니 있는 것과 없는 것이 서로 통하고 공과 있음이 서로 통하고 선과 악이 서로 통하고 마구니와 부처가 서로 통함을 말하는 것입니다

…… 진공하면 묘유요, 묘유하면 진공이며 진공 내놓고 따로 묘유 없으며 묘유 내놓고 따로 진공 없으니……

중도를 깨치지 못하면 승(僧)이 아니니 모든 차별, 변견에 집착해 있기 때문입니다."(百日法門)


원시경전의 하나인 〈숫타니파타〉의 피안품(彼岸品)에는 수행자 티사메티야와 석가 세존 사이에 이런 문답이 기록되어 있다.

티사메티야가 물었다.

"이 세상에서 만족할 줄 아는 사람은 누굽니까.

흔들리지 않는 사람은 누굽니까.

양극단을 이미 다 알고 있으면서

이 양극단에도 중간에도 머물지 않는

지혜로운 저 사람은 누굽니까.

당신은 어떤 사람을 위대한 사람이라 부릅니까.

그리고 눈먼 바람을 넘어선 사람은 또 누굽니까."


석가가 대답했다.

"감각적인 기쁨에서 멀리 벗어나

눈먼 바람으로부터 자유로운 사람,

언제나 생각이 깊고 통찰력이 있는 사람,

이런 사람은 절대로 동요하지 않는다.

그는 양극단을 다 알고 있으므로

이쪽에도 저쪽에도, 그리고 중간에도 머물지 않는다.

나는 그를 '위대한 사람'이라 부르나니

그는 이 세상에 살면서 눈먼 바람을 넘어서 있다."


중도는 중간이 아니다. 양변을 모두 포함하고 있으면서 그 어느 자리에도 머물지 않는 융합과 지양의 경지이다. 그것을 이 경전에서는 '자유'라 부르고 있다. 양변을 떠나면서도 양변을 두루 지니고 있는 것, 불교의 정신세계, 더 엄밀히 말하면 석가의 정신세계가 지닌 진리의 매력이 여기 있다. '중생이 곧 부처'이며 '번뇌가 보리(菩提)'라고 하는, 모순처럼 보이는 명제가 불교에서는 진리가 되는 까닭이 여기 있다.

중도(中道)와 비슷한 개념으로 유학(儒學)의 중용(中庸)이 있다. '중용'은 원래 〈예기(禮記)〉 49편 중에 있던 것을 송대(宋代)에 와서 주자(朱子)가 이를 〈대학〉과 함께 뽑아내어 유교의 기본경전인 4서의 하나로 포함시킨 책이다. 공자의 제자 자사(子思)의 저작으로 알려져 있다.

주자가 〈중용〉을 특별히 가려내어 4서의 하나로 편입시킨 이유는 불교 때문이었다. 당송시대의 불교는 교학과 선 양면에서 화려한 발전을 이루었다. 이에 자극을 받은 주자가 유학에도 철학적 원리가 뒷받침되어 있다는 사실을 강조하기 위하여 〈중용〉을 재등장시킨 것이다.

주자는 〈중용〉을 주석하면서 "중(中)은 어느 한쪽으로 치우치거나 기대어 있지 않아 지나치거나 모자람이 없는 것으로서 인성(人性)이 지극히 중정(中正)하여 질서를 이룬 안정된 상태가 사물에 접하여 감이동(感而動)하기 전의 인성본연(人性本然)을 나타낸 말이며, 용(庸)은 일상생활에 있어 평상됨을 나타내는 말"이라고 했다.

또 정이(程頤)는 "치우치지 않는 것을 중이라 하고 바뀌지 않는 것을 용이라 한다(不偏之謂中 不易之謂庸)"고 했다. 치우치지 않는 것이란 공간적으로 가운데 곧 중간이라는 뜻이며, 바뀌지 않는 것이란 시간적으로 영원한 상용성(常用性)을 뜻한다고 하겠다. 지나치지도 모자라지도 않는 원만한 품성을 요구하는 유학의 특성이 잘 나타나 있다.

중용이 실천적 행동규범으로서의 측면이 강조된 개념인데 비하여 불교의 중도는 수행방법에서 본 것처럼 실천적인 면과 함께 철학적이고 사변적인 측면이 강한 것이 사실이다. 즉 중도는 실천적 행동규범인 동시에 해탈과 성불에 관한 형이상학적 귀착점에 닿아 있다. 석가가 해석하고 통찰한 우주와 세계, 삶과 죽음의 본질이 대개 그와 같았다.


## 3. 중도(中道)는 공(空)이다

어떤 사람들은 석가의 초전법륜에서 밝힌 근본진리가 중도 선언이었다고 하고 또 어떤 이는 연기법이야말로 석가가 깨달은 존재의 비밀 첫째요 마지막이라고 한다. 이것을 싸잡아 4성제를 설했으니 4성제야말로 근본불교 가르침의 집대성이라고도 하고 4성제인 고집멸도(苦集滅道)의 최종적 실천 항목인 도의 실현 즉 8정도야말로 석가의 가르침의 요체라고 주장하기도 한다. 그러나 이 모든 사상에는 하나로 관통되는 진리의 강이 흐른다. 그것은 중도이다. 중도를 바로 이해하면 불교의 모든 법의 자물쇠가 한꺼번에 풀린다. 연기법이 곧 중도이고 중도가 연기법이며 또한 4성제이며 8정도이기 때문이다.

## (1) 自作他作中道

시대적으로 인도 사상사에서 석가가 이룬 공적은 혼란했던 당시의 백가쟁명을 아우르고 진리의 등불을 밝힌 데에 있다고 하겠다. 그 등불이 시대와 공간의 제약을 넘어 인류 보편적인 진리가 되리라는 것을 석가 본인은 알았을까. 자신의 깨달음이 그 이전에도 이후에도 없는 전무후무한 진리를 찾아낸 인류 최고의 스승이라는 자부심은 진작부터 가지고 있었던 것으로 보인다. 석가는 당시의 허무주의와 유물론, 쾌락주의와 회의론 등 모든 사상과 주장을 잠재우는데 성공했다. 6사외도를 비롯하여 모든 사견(邪見)을 잠재우는데 사용된 진리가 바로 중도였다. 따라서 12연기법의 핵심 내용도 중도에 있었다.

중도는 이것도 저것도 아닌 어중간한 중간이라는 뜻이 아니다. 지난날 어느 야당 당수 이철승씨가 '중도통합론' 이라는 생경한 주장을 내세웠다가 당장 '사꾸라' 라는 비난의 표적이 된 일이 있었다. 2000년대 들어와서도 이명박 대통령이 중도실용을 내세웠다가 '기회주의자' 라는 낙인만 찍히고 좌우 양쪽으로부터 모두 외면 당하는 불행을 자초했다. 정치건 학문이건 중도라는 관념은 사용하고 싶은 매력을 느낄 정도로 가치가 있는 말이다. 그러나 석가가 말한 중도는 그런 '사꾸라' 나 '기회주의적' 인 정치적 행위와는 거리가 멀다.

12인연법에서는 근본무명을 원인으로 하여 존재의 실상이 고(苦)의 무더기로 파악된다. 그러면 고는 나의 자유의지에 의하여 집적된 것일까, 누군가가 만들어준 것일까. 자작이냐 타작이냐 하는, 업설(業設)에 대한 분분한 주장들을 석가는 중도의 법으로 명쾌하게 정리한다.


아지라 까싸파(Acela Kassapa : 가섭)가 세존에게 말했다.

"구담이시여. 괴로움은 자신이 지은 것입니까?"

"나는 괴로움은 자신이 짓는가라는 물음에 대답하지 않는다."

까싸파가 다시 물었다.

"구담이시여. 괴로움은 남이 지은 것입니까?"

"나는 괴로움은 남이 짓는가라는 질문에도 대답하지 않는다."

까싸파는 다시 물었다.

"구담이시여. 괴로움은 자신과 남이 지은 것입니까?"

"나는 괴로움은 자신과 남이 지은 것인가라는 질문에도 대답하지 않는다."

까싸파가 다시 물었다.

"구담이시여. 괴로움은 원인이 없이 생기는 것입니까?"

"나는 괴로움은 원인이 없이 생기는가라는 질문에도 대답하지 않는다."

그러자 까싸파가 말했다.

"구담이시여. 그러면 괴로움은 없습니까?"

"괴로움은 있다."

"구담이시여. 괴로움은 있다고 말씀하셨습니다. 제가 괴로움을 알고 볼 수 있게 해주십시오."

부처님께서 말씀하셨다.

"나는 괴로움이 자신이 짓는다거나 남이 지어준다거나 원인 없이 괴로움이 생긴다는 등의 주장을 하지 않는다. 나는 모순 대립을 떠나 중도를 말한다. 여래의 설법은 '이것이 있는 곳에 저것이 있고 이것이 일어날 때 저것이 일어난다' 는 것이니 무명이 있는 곳에 행이 있고 내지 큰 괴로움의 덩어리가 형성되는 것이며 무명이 멸하면 행이 멸하고 마침내 괴로움의 덩어리가 멸한다는 것이다." 〈〈잡아함〉 302〉

이것은 괴로움을 느끼는 주체의 문제이다. 괴로움의 발생에 대해 묻는 가섭에게 석가는 12연기를 설하여 대답을 대신한다. 괴로움이란 막칼리 고살라와 같은 결정론적 숙명론도 아니고 자이나교에서 말하는 타작설도 부정하며 유물론적 요소론이나 무인론(無因論)도 타파한다. 석가는 괴로움이 무명에 원인을 두고 인과연쇄에 의해 발생하며 결국 인간들이 오온에 집착하여 자아가 있는 것으로 착각하여 탐착하는 데서 모든 고가 발생한다고 보았다. 자작도 타작도 아닌 무아와 중도의 진리로서 새로운 천지를 열어보인 것이다. 〈쌍윳다 니까야〉에는 연기법을 중도의 입장에서 설명한 석가의 말이 여러 차례에 걸쳐 수록되어 있다.

이와같이 나는 들었다. 한 때 세존께서 싸밧티시의 제따숲에 있는 아나타삔디카 사원에 머물고 계셨다. 그 때 존자 우빠바나가 세존께서 계신 곳으로 다가와 말했다.

"세존이시여. 괴로움은 스스로 만든 것이라고 주장하는 수행자나 성직자들이 있습니다. 또 괴로움은 남이 만든 것이라고 주장하는 수행자나 성직자들도 있습니다. 그리고 괴로움은 스스로 만들기도 하고 남이 만들기도 하는 것이라고 주장하는 수행자나 성직자들도 있습니다. 또 괴로움은 스스로 만든 것도 아니고 남이 만든 것도 아니며 원인 없이 생겨나는 것이라고 주장하는 수행자나 성직자도 있습니다. 이에 관해 세존께서는 어떻게 설명하시겠습니까?"

"우빠바나여. 괴로움은 스스로 만든 것이라고 주장하는 수행자나 성직자들이라도 그것은 접촉을 연유로 해서 생겨난다. 괴로움은 남이 만든 것이라고 주장하는 성직자나 수행자들이라도 역시 그들에게도 그것은 접촉을 연유로 해서 생겨난다. 괴로움은 스스로 만들기도 하고 남이 만들기도 하는 것이라고 주장하는 수행자나 성직자들이 있다 하더라도 그들에게도 그것은 접촉을 연유로 해서 생겨난다. 괴로움은 스스로 만든 것도 아니고 남이 만든 것도 아니며 원인 없이 생겨나는 것이라고 주장하는 수행자나 성직자가 있다면 그들에게도 역시 그것은 접촉을 연유로 해서 생겨나는 것이다.

우빠바나여. 괴로움은 스스로가 만드는 것이라고 주장하는 수행자나 성직자일지라도 접촉이 없이 괴로움이 발생하는 일은 없다. 괴로움은 남이 만드는 것이라고 주장하는 수행자나 성직자들이라도 역시 접촉 없이 괴로움이 발생할 가능성은 없다. 괴로움은 스스로 만들기도 하고 남이 만들기도 하는 것이라고 주장하는 수행자들이나 성직자들에게도 접촉 없이 괴로움이 발생하는 일은 없다. 괴로움은 스스로 만드는 것도 아니고 남이 만드는 것도 아니며 원인 없이 생겨나는 것이라고 주장하는 성직자나 수행자에게도 괴로움은 접촉 없이 일어나지 않는다."

이처럼 존재는 인연 지어진 것이며 조건 지어진 것이라는 연쇄적 과정을 면밀하게 검토한 석가는 자신 있게 연기법을 통한 무아의 진리를 선포한 것이었다.

### (2) 斷常中道

사람은 죽은 뒤에도 영속하는 생명력이 있는 것일까, 죽음은 모든 것의 끝일까. 즉 사후세계가 있느냐 없느냐 하는 매우 중요하고도 답이 없는 질문에 대한 대답이다.

이에 대한 석가의 대답은 명료하다. 사람이 생물학적 죽음 이후에도 영혼이라는 것이 있어 사후세계를 살아가느냐 마느냐 하는 문제는 영속하는 자아가 실재한다는 가정 아래 도출되는 문제일 뿐이다. 사람은 아주 죽지 않고 사후에도 생을 이어간다는 생각을 석가는 상견(常見)이라 명명하고 그 반대로 죽으면 모든 것이 끝이라는 생각을 단견(斷見)으로 명명했다. 상견이든 단견이든 자아의 존재를 실재한다고 믿기 때문에 나온 것으로 이미 자아라는 것 자체가 존재하지 않는다는 것을 연기의 인과에서 입증해 보인 석가는 상견과 단견을 모두 지양한다. 상견과 단견은 모두 당시 외도들의 주장일 뿐이었다. 모순 대립하는 이변(二邊)을 떠나 올바른 견해를 가지기 위해서는 12연기를 제대로 이해하면 된다.

그러나 어찌 되었든 영원한 삶이 있느냐 없느냐 하는 질문에 대한 석가의 대답은 "그런 질문 자체가 필요 없다"는 뜻으로 해석되는 12연기의 중도설이다. 중도의 진리를 제아무리 이해해도 결국 석가는 이 문제에 관한 한 무기(無記)로 대답했을 뿐이었다. 석가의 근본 태도는 중도에 입각한 무기였으나 때로는 가끔 이런 반론을 펴고 있다.

즉 상견이나 단견 어느쪽이 옳다면 사문들은 출가하여 고행으로 수행할 필요가 없어진다는 것이니 그런 경우는 있을 수 없다는 주장이었다. 가만 있어도 영생하거나 아주 없어지거나 할 터인데 굳이 애써서 몸을 학대하며 수행할 필요가 없어진다는 것이다. 이는 석가의 잘못된 대답 유형 중 하나이다. 진리가 진리인 것은 그것을 모르는 사람들이 수행하거나 말거나 그 값은 변하지 않기 때문이다. 인류 역사를 통하여 수십만 수백만의 출가 수행자들이 고행을 한다고 해서 진리의 값이 달라지지는 않는다는 말이다.

### (3) 有無中道

유와 무의 대립은 철학과 종교의 고전적이고도 핵심적인 논란의 대상이다. 이 문제에 대해서 까차타야나가 묻자 석가는 이렇게 대답한다.

"까차타야나여. '모든 것은 존재한다'고 생각하는 것은 하나의 극단이다. '모든 것은 존재하지 않는다'고 하는 것도 또 하나의 극단이다. 여래는 그러한 양극단에 의지하지 않고 중도로써 법을 설한다. 무명을 조건으로 행이 생겨나고…… 이와같이 모든 괴로움의 요소가 생겨난다."

이미 상주불변하는 자아가 없는데 있다거나 없다는 이변의 사고는 사견일 뿐이다. 석가의 설명을 통해 확인해 보자.

"세간은 유(有)와 무(無) 두 가지에 의존하나니 유와 무는 보이거나 들리거나 생각한 것을 취한 것이다. 보이거나 들리거나 생각한 것을 취하기 때문에 유에 의지하기도 하고 무에 의지하기도 한다. 만약 이 취함이 없다면 마음이 경계에 묶여 경계를 취하지도 않고 경계에 머물지도 않고 자아를 제멋대로 꾸며내지도 않고 괴로움이 생기면 생기는 것에 대하여, 멸하면 멸하는 것에 대하여 의혹이 없이, 다른 사람을 의지하지 않고도 능히 알 수가 있다. 이것을 여래가 시설한 정견(正見)이라고 한다. 세간이 생기는 것을 여실하게 바로 보아 안다면 세간이 없다고 하는 사람이 없을 것이고, 세간이 멸하는 것을 여실하게 바로 보아 안다면 세간이 있다고 하는 사람이 없을 것이기 때문이다. 그래서 여래는 모순 대립하는 두 변을 떠나 중도에서 이야기하나니 이것이 있는 곳에 저것이 잇고 이것이 일어날 때 저것이 일어난다는 것이다. 다시 말하여 무명을 연하여 행이 있고……"          《잡아함》 301)

결국 '있다' 와 '없다' 는 상주불변하는 자아가 있느냐 없느냐의 문제다. 그리고 이 문제에 대한 석가의 대답은 연기법을 통하여 명료하게 밝혀져 있었다. 유와 무의 2변을 지양한 것, 그것은 중도이다.

생멸의 현상은 인과요 연기다. 연기는 무아이며 무아는 중도이다. 그리고 중도는 공(空)이다. 연기법과 중도의 법은 이후 반야(般若)와 공(空) 사상으로 발전하고 이것이 대승불교의 중심사상으로 자리매김하게 된다. 그러나 공은 법공(法空)이든 아공(我空)이든 제법무아(諸法無我)의 다른 표현이거나 그 실천을 위한 방법론과 계합되어 있다. 석가의 가르침의 모든 곁가지들이 한결같이 무아(無我)의 뿌리에 닿아 있는 것이다.

## 4. 육조 혜능(六祖 慧能)의 36대(對)

그 외에도  육체와 정신이 하나냐 둘이냐 하는 문제에 대한 연기법과 중도의 설을 바탕으로 하는 대답(一異中道)이 있고, 사람이 고냐 낙이냐 하는 문제를 중도로서 해결하는 설(苦樂中道)이 있다. 그 모든 것이 모순 대립하는 양변을 지양하고 근본에 대한 사색을 통하여 양변의 대립이 존재의 실상이 아니라 관념적인 희론에 지나지 않다는 것을 날카롭게 적시한다. 그러므로 일이중도니 고락중도니 비슷한 이야기를 되풀이하지 않기 위하여 여기서 생략한다.

다만 석가 입멸 후 오랜 세월이 지난 뒷날 중국 선종의 남상이 된 육조 혜능이 입적을 눈앞에 둔 시점에서 10명의 제자들을 불러놓고 '후학을 가르칠 때 종지의 표적을 잃지 않도록' 상의상관성의 바탕 위에서 대법(對法)을 활용할 것을 강조하고 구체적인 실례로서 36대를 나열하고 있는데 여기서도 36대의 현상을 관통하는 진리는 중도임을 암시하고 있어 다소 길지만 그 내용을 옮겨본다.

"대법(對法) 중에는 먼저 5대(五對)가 있다. 하늘은 땅과 대하고 해는 달과 대하고 밝음은 어둠과 대하고 음은 양과 대하고 물은 불과 대한다. 이것을 5대라 한다. 그리고 만물의 존재법칙을 이르는 말에 12대가 있다. 말(語)은 도리(理)와 대하고 유(有)는 무(無)와 대하고 유색(有色)은 무색(無色)과 대하고 유상(有相)은 무상(無相)과 대하고 유루(有漏)는 무루(無漏)와 대하고 색(色)은 공(空)과 대하고 동(動)은 정(靜)과 대하고 청(淸)은 탁(濁)과 대하고 범(凡)은 성(聖)과 대하고 승(僧)은 속(俗)과 대하고 노(老)는 소(少)와 대하고 대(大)는 소(小)와 대한다. 이것이 12대이다. 이어서 본성의 작용으로 빚어진 19대가 있다.

장(長)은 단(短)과 대하고 사(邪)는 정(正)과 대하고 치(癡)는 혜(慧)와 대하고 우(愚)는 지(智)와 대하고 난(亂)은 정(定)과 대하고 자(慈)는 독(毒)과 대하고 계(戒)는 비(非)와 대하고 직(直)은 곡(曲)과 대하고 실(實)은 허(虛)와 대하고 상(常)은 무상(無常)과 대하고 비(悲)는 해(害)와 대하고 험(險)은 평(平)과 대하고 번뇌(煩惱)는 보리(菩提)와 대하고 희(喜)는 진(瞋)과 대하고 사(捨)는 간(慳)과 대하고 진(進)은 퇴(退)와 대하고 생(生)은 멸(滅)과 대하고 법신(法身)은 색신(色身)과 대하고 화신(化身)은 보신(報身)과 대한다.

이상이 36대이며 이런 방법을 잘 운용하면 모든 경전의 가르침에 통달할 수 있다. …… 다른 사람과 대화할 때 겉으로는 모습을 취하면서도 모습에 사로잡히지 않고 속으로는 공(空)의 입장에 서 있으면서도 공에 사로잡히지 않아야 한다…… 이 36대법에 따라 가르치고 운용하고 이에 따라 수행하고 이에 따라 작위한다면 종지(宗旨)의 본령을 잃지 않을 것이다. 만약 누가 그대들에게 의견을 물어올 경우 유를 질문 받으면 무로 대답하고 범(凡)을 물어오면 성(聖)으로써 대답하라. 대립된 한 쌍의 개념이 서로 조건이 되어 중도의 의미가 우러난다." 〈壇經〉 38)

성철스님의 〈백일법문〉에서 중도에 대한 설명을 들어보자.

"생사와 열반은 비록 상대적이지만 생사도 의지하지 않고 열반도 의지하지 않고 양변을 완전히 여의면 이것이 곧 중도입니다. 이 중도는 둘이 아니고 또한 하나도 아닙니다…… 열반을 증득했다고 열반에 머무르면 열반이 아니고 성불했다고 부처에 집착하면 부처가 아닙니다. 실제로 중도를 정등각해서 양변에 머무르지 않으므로 하나도 아니며 둘도 아니고 있는 것도 아니며 없는 것도 아닙니다." 〈百日法門〉 下 p81)

모순 대립하는 양변을 모두 여의고 포괄하면서도 양변이 벌어지기 이전의 존재 양상이 중도이다. 성철스님의 중도에 대한 장황한 설명은 얼른 보면 말장난 같지만 이분법에 사로잡혀 있는 세간의 논리구조와 사고 양식을 깨부수기 위한 목탁소리라 하겠다.

## 5. 이 아름다운 인생(人生)이 왜 고(苦)인가?

석가의 출가 동기에서부터 사유와 명상의 족적을 따라가 보면 어김없이 고(苦 : Duhkha), 즉 '괴롭다', '괴로운 것'이라는 삶의 본질에 대한 석가 나름의 판단과 만난다. 인생은 괴롭다. 괴로운 것이다. 이 괴로움으로부터 어떻게 벗어나고 극복하여 자유를 얻는가? 하는 데에 모든 생각이 집중되어 있다. 이미 사문유관(四門遊觀)에서 보았듯이 태어나고 늙고 병들고 죽는 것 모두가 괴로움이다. 석가는 그렇게 보았다.

이 '괴로움'은 '배가 고픈데 수중에는 돈이 없어 먹을 것을 사지 못한다', '엄동설한에 가족이 떨고 있는데도 따뜻한 집이 없다', '사랑하는 사람과 헤어져 죽고 싶도록 괴롭다', '무식하고 폭력적인 내무반장 때문에 당장 탈영하고 싶을 정도로 군대생활이 지겹다'는 등의 일상적인 괴로움도 포함된다. 그러나 석가가 파악한 삶의 본질로서의 괴로움은 여기서 한 발 더 나아간다.

일상의 괴로움은 즐거움으로 대체될 수 있다. 돈이 없어 괴로운 사람은 돈을 벌면 그 괴로움에서는 벗어난다. 배가 고파 괴롭던 사람은 음식을 먹어 배고픔을 해소할 수 있다. 그러나 그 어떤 것으로도 대체되지 않는 괴로움이 있다. 이것을 실존주의 철학에서는 '한계상황'이라 했다. 그 이름이 한계상황이든 근원적 본질이든 상관 없다. 그것은 어느 누구도 피하거나 극복할 수 없는 종말, 즉 죽음에서 오는 비극적 예감이다.

자연계에서 인간만이 죽음을 안다고 한다. 도살장에 끌려가는 소가 도살장 입구에서 멈칫거리며 거부의 몸짓을 하거나 개장수가 마을에 나타나면 동네 개들이 사납게 짖어대거나 눈치 빠른 놈은 아예 어디론가 도망을 가버리는 경우를 두고 소나 개도 죽음을 예감하는 능력이 있다고 주장하는 사람이 있으나 그건 인간이 느끼고 아는 '죽음에 대한 인식'과는 차원이 다르다. 한계상황은 절대적인 인간의 조건이다. 절대조건을 알고 있는 인간은 사는 것 자체가 고통일 수 밖에 없다. 술을 마셔도 이성을 탐착하여도 그 고통의 그림자로부터 도망갈 수 없다. 내재적인 고통이기 때문이다. 인도의 많은 젊은이들이 집을 떠나 수행자의 길을 걷는 아슈라마를 행하는 이유도 여기 있었던 것이고 석가가 왕성을 버리고 출가 사문의 고행을 시작한 까닭도 여기 있었던 것이다.

죽음만이 인간의 조건은 아니다. 태어나고 살고 늙고 병들고 죽는 것이 모두 고통이다. 먼저 석가는 명상을 통하여 '삶의 현상'을 철저하게 성찰하였다. 문제의 핵심은 '어떻게 태어났는가?'이다. 유행가조로 말하자면 "어디서 와서 어디로 가는가?"이다. 이를 뒤집어 보면 "어디서 왔는지 안다면 어디로 가는지도 알게 된다"는 논리상의 상관성이 발견된다. 그 때문에 이 문제는 뒷날 중요한 화두(話頭)로 발전한다. "부모가 나를 낳기 전의 나는 무엇이었나?"하는 화두가 그것이다. 다른 말로 '본지풍광(本地風光)' 또는 '본래면목(本來面目)'이라고도 한다.

역사상 인류는 이 문제를 두고 고심한 나머지 대개 다음과 같은 결론을 얻었다.

첫째는 초자연적인 힘(神)이 우주와 세계, 그리고 인간을 창조하고 그 운명까지 관장하고 있다는 설이다. 나일강 연안에 펼쳐진 이집트의 고왕조시대에 등장하는 신들은 우주와 세계의 설계자들이었고 인간의 명운을 관장하는 주재자였다. 부활신앙이 여기서 싹 터서 자랐고, 그 문화적 토양에서 태어나고 자란 유태민족의 지도자 모세에 의하여 히브리민족 특유의 유일신 신앙이 터잡았다.

둘째는 운명론적 결정론이다. 이는 첫번째의 세계관과 잇닿아 있는 것으로 신(창조주이자 주재자인)에 의하여 창조되고 설계된 인간은 무엇이 될지, 무슨 생각을 하고 어떻게 행동할지, 그리고 언제 어떻게 죽을지 미리 다 예정되어 있다는 것이다. 신에 의하여 예정되어 있든지, 자신이 쌓은 전생의 업(業)에 의하여 금생의 삶이 결정되든지 한다는 주장이 모두 여기에 포함된다. 어느 것이나 운명은 결정된 것이므로 인간의 노력에 의하여 변경될 가능성은 없다. 적어도 이론상으로는 그렇다.

세 번째로는 극단적 유물론이다. 인간은 오직 물질로 형성된 것이며 정신 혹은 영혼이라는 것은 물질의 기능에 지나지 않으므로 물질의 소멸과 함께 소멸해버린다는 것이다. 즉 현생 이전이나 이후에는 아무 것도 존재하지 않는다. 죽음은 단멸이다. 사후에 영혼이 있느냐 없느냐 따위의 논란도 끼어들 틈이 없다. 그러면 어떻게 살아야 하느냐 하는 문제가 제기된다. 어차피 인생은 일회적인 것으로 이전과 이후에 아무 것도 없으므로 주어진 이 생을 최대한 향수(享受)해야 한다는 결론에 귀착한다. 주어진 생을 최대한 향수하기 위해서는 쾌락에 몸을 맡기는 것이다. 그것이 삶이 지향하는 바른 태도요, 길이라는 것이다.

이러한 생각들은 특정 지역의 특정한 시기에 갑자기 사람들의 머리 속에 떠오른 생각이 아니라 전 지구 차원의 광범한 지역에서 보편적으로 발생한 우주관, 세계관, 인생관, 그리고 구원관이었다. 그러나 그 중에서도 특정 시기의 특정 환경 속에서 죽음을 극복하고자하는 철학적 종교적 사색이 유난히 번성했던 시기가 있었다. 기원 전 5~6세기 무렵의 인도, 중국, 이집트, 그리스 등의 문화 발상지에서 비슷하게 그런 현상이 일어난 것은 특기할만한 일이라 하겠다.

인도에서는 이미 살펴본 바와 같이 부족국가에서 왕조국가로 이행하는 과정에서 끊임없는 정복전쟁이 이어지는 가운데 삶은 피폐해지고 기존의 브라흐마니즘(바라문교)은 권위를 상실했다. 신에 의한 우주창조론과 범아일체론도 사문들에 의하여 부정됐다. 창조론과 범아일체론이 고사(枯死)한 자리에 예의 그 유물론과 도덕부정론이 극단적인 향락주의와 맹목적인 고행주의라는 잎을 무성케 했다. 석가는 이런 현상을 모두 지양했다. 그대로 두었으면 인도 문화는 질식사했을 것이고 인류가 발견한 가장 중요한 발견의 하나를 놓치고 말았을 것이다. 석가를 위대한 인물이라 하고 영웅이라 하는 까닭이 여기 있다. 그는 말했다.

(중아함 度經)

"어떤 사문과 바라문은 이와같이 말한다. '인간의 모든 행위는 전생에 지은 업이 원인이 되어 나타난다'고. 또 어떤 사문과 바라문은 '인간의 행위는 자재천(自在天)의 창조가 원인이 되어 나타난다'고 하고 또 어떤 사문과 바라문은 '인간의 모든 행위는 원인도 조건도 없이 나타난다(無因無緣)'고 말한다 ……만약 그렇다면 전생에 지은 살생의 업인(業因)으로 여러분은 금생에도 살생을 하지 않을 수 없을 것이며 도둑질하거나 거짓말하거나 사음(邪淫)하지 않을 수 없을 것이다. 만약 인간의 모든 행위가 전생에 지은 업이 원인이 되어 나타나는 것이라면 당신들은 이생에서 해야할 일과 해서는 안될 일을 가릴 필요가 없을 것이고 의욕을 가지고 살 필요도 없을 것이고, 노력할 필요도 없을 것이다…… "

기계론적인 업설(業說)과 창조론을 동시에 비판한 대목이다. 인간이 창조주에 의하여 창조된 피조물이라면 창조주에게 기대어 그를 의지하여 살면 그만이다. 창조주가 인간의 수명을 일회적인 것으로 만들지 아니하고 영혼의 영속성을 보장해 주었다면 그보다 다행한 일은 없을 것이다. 인생은 고통이 아니라 축복이자 환희가 될 것이다. 그러나 석가가 파악한 인간의 삶은 그렇지 못했다. 우선 영혼이라는 것도 상의상관(相依相關)에 의하여 형성된 것이지 영속하는 자아가 존재하는 것이 아니었다. 영속하는 자아가 존재하지 않는데 영원한 생명은 있을 수 없다. 영원한 생명이 없는데도 인간은 죽음을 정확하게 내다보고 그것을 초극하게 되기를 갈망한다. 이것이야말로 비극이자 고통이다. 석가가 삶의 근본을 고(苦)라고 파악한 것은 이런 까닭이었다.

지금까지 우리는 존재 속에 영속하는 자아가 없기 때문에 존재 그 자체가 곧 고라는 것을 석가를 통하여 알아보았다. '나'라고 착각하는 것도 원인과 인연에 의하여 형성된 것(有爲法)이므로 그것은 필연적으로 무상(無常)이다.

유위법(有爲法 : 원인과 인연에 의하여 생성되는 일체의 사물의 속성)은 무상하다. 무상하기 때문에 괴로움을 낳는다. 유위법은 고이기 때문에 자아에 속하지 않는다. 자아에 속하지 않으므로 이같은 법은 여래가 세상에 오건 아니 오건 관계 없이 자연의 인과법으로 그 스스로 존재한다. 제법(諸法)의 결정론(決定論)이다.

그러므로 3법인(三法印)은 서로 의존적이다.

"수행자들이여. 어떻게 생각하는가? 색(色)은 항상(恒常)한가, 무상(無常)한가?"

"무상합니다, 세존이시여."

"무상한 것은 고인가 낙인가?"

"고입니다, 세존이시여."

"무상하고 고이며 변하는 것, 그것을 두고 이것은 나이다, 이것은 나의 자아이다 라고 말할 수 있겠는가?"

"그렇게 말할 수 없습니다, 세존이시여."

"그렇다면 수행자들아. 색(色)에 대해서 과거에 있었던 것과 미래에 있을 것, 현재에 있는 모든 것, 그것이 우리 안에 있건, 바깥에 있건, 강하거나 약하거나, 낮거나 높거나, 멀리 있거나 가까이 있거나 이 모든 것은 나의 것이 아니고 내가 그것이 아니며 그것은 나의 자아가 아니다. 참된 지혜를 가진 자는 이렇게 보아야 한다."

그러므로 제법무아(諸法無我) 제행무상(諸行無常), 일체개고(一切皆苦)는 하나의 법(中道)으로 통합된다.

여기서 그쳤다면 석가는 철학 교과서의 앞부분에 등장하는 고대 철학자 중의 한 사람으로 기억되었을 것이다. 예를 들어 유물론의 데모크리토스(B.C 460~370)는 원자론(原子論)을 주창했고, 이를 심화시켜 에피쿠로스(B.C 341~270)는 쾌락주의를 주창했고 프로타고라스(B.C 485~414), 골기아스 (B.C 483~376)같은 소피스트들은 자연론을 극복하고 철학의 관심을 인간 내면으로 돌려 '인간척도론' 과 극단적인 비유론(非有論)으로 흘렀다. 누구는 4원소론(四元素論)을 내세우고 누구는 7제(七諦)를 주창했으며 석가는 창조론과 유물론을 지양하고 중도(中道)를 제창했다, 이런 식으로 철학 교과서의 한 귀퉁이나 장식했을 것이다.

그러나 석가는 여기서 멈추지 않았다. 그는 철저한 명상을 통하여 인간과 세계의 본질을 파악하고 그 진리의 바탕 위에서 해탈에 이르는 길을 제시하였다. 해탈이란 무엇인가? 더 이상 죽음의 고뇌로부터 침식당하지 않는 대자유를 말한다. 이제 우리는 그가 엄격한 수행과 철저한 명상을 통해 파악한 인간과 세계(우주)의 본질은 무엇인지 알아보고 그 위에서 해탈에 이르는 길을 어떻게 가르쳤는지 구체적으로 톺아볼 차례이다.

## 6. 인간(人間) – 5개의 무더기(五蘊)

여기서 몇 가지 의문이 생긴다. 색(色)은 무아이다. 즉 육체적인 것, 물질적인 것은 무아이다. 그러면 정신적인 것은 무아인가, 아닌가? 하는 것이 첫 번째 의문이다. 두 번째로는 무상 및 무아는 왜 괴로움인가? 하는 것이다. 그리고 세 번째로는 모든 것이 무상하고(諸行無常), 모든 것이 무아(諸法無我)라는 결정론적인 명제 자체는 무상하지 않는가? 즉 석가의 이 깨달음 자체도 언젠가 변하지 않겠는가? 불완전한 깨달음일 수도 있지 않겠는가? 하는 문제이다. 이는 기독교에서 하나님이 우주만물을 창조했다 치면 그 하나님은 누가 창조했느냐 하는 순환논리와 같은 논리적 사고의 덫이다.

첫 번째 의문은 당연히 다음과 같은 의문으로 이어진다. 존재는 무엇인가? 물질과 정신으로 이루어진 것인가? 물질인가? 아니면 정신인가? 창조설을 주장하는 종교라면 이런 의문은 필요치 않다. 창조주가 흙으로 인간(육신)을 빚고 영혼을 불어넣어 완전한 인간으로 만들었다고 적시되어 있기 때문(구약성경 〈창세기〉)이고, 이에 따라 인간은 육신과 영혼이 동거하는 2원론적 존재임을 밝히고 있기 때문이다. "육으로 난 것은 육이요, 영으로 난 것은 영이니"(요한복음 3장 6절) 육신과 영혼은 별개의 존재이다. 따라서 이 종교에서는 '죽음'이란 육체와 영혼의 분리를 의미하며 '심판의 날'에 심판을 받은 영혼은 옛날의 육신과 다시 결합하여 '부활'한다는 것이 믿음의 근간을 이루고 있다.            (〈사도신경〉)


석가가 깨달아 알게 된 존재의 양상은 사뭇 다르다.

석가는 인간 존재를 세밀하게 분석한 결과 다섯 개의 커다란 덩어리로 이루어져 있다고 보았다. 생멸하고 변화하는 존재 그 자체가 하나의 덩어리이거니와 이 덩어리는 다음의 다섯 덩어리로 이루어져 있다는 것이다. 다섯 덩어리는 5온(五蘊)이라고도 하고, 후대에 가서 5취온(五取蘊), 5음(五陰), 5중(五衆), 5취(五聚) 등 여러 명칭으로 불려 왔다. 명칭이야 어찌 됐든 다섯 개의 덩어리는 색(色), 수(受), 상(想), 행(行), 식(識)으로 구분된다.

먼저 색(色)은 물질이다. 인간과 자연의 존재 근저를 이루고 있는 4대(四大)가 화합하여 빚어낸 물질적 요소를 색온(色蘊)이라 한다.

다음 수온(受蘊)은 느낌이다. 감각기관(眼耳鼻舌身意)과 감각의 대상과의 접촉에 의한 작용이다. 이를 내육처(內六處)라 하고 감각의 대상인 외육처(外六處)를 합하여 "존재는 곧 12처(十二處)"라고 단정한 바가 있음을 앞서 살펴보았다. 감각기관과 감각의 대상이 교합하여 괴로움(苦)과 즐거움(樂) 등의 느낌이 생겨난다. 이것이 수(受)다.

다음 상온(想蘊)은 외계의 사물(色聲香味觸法)을 받아들이고 투영하여 상(想)을 빚어내는 지각 작용이다. 행온(行蘊)은 외계 사물과 관련한 의지(작용)이며 식온(識蘊)은 이들(色聲香味觸法)을 분별하는 의식(意識)이다.


5온을 굳이 분류하자면 머리에 나오는 색(色)은 물질의 세계이며 나머지 4온은 감각, 상상, 의지, 인식 등 정신작용의 영역에 속하는 것들이다. 불교를 비롯하여 인도인들의 분류법에 자주 등장하는 치명적인 오류가 있으니 카테고리의 상위개념과 하위개념이 뒤섞여 있다는 점이다. 5온의 경우에도 우선 사물(法)을 물질과 영혼(정신활동)의 양대 개념으로 분리한 후 다시 하위개념으로서 정신활동 속에서 수상행식(受想行識)을 다루는 것이 옳을 것이나 그런 것은 무시하고 5온을 순서대로 나열하고 있는 것이다.

그러나 이것은 서양식 사고방식일 뿐이다. 석가는 존재하는 것들의 양태를 치밀하게 관찰한 결과 다섯 개의 커다란 덩어리로 이루어져 있으며 이들 다섯 개의 덩어리들은 상호 의존하는 불가분의 관계로 밀착되어 있음을 발견한 것이다. 물질과 정신 작용은 동일한 현상에 지나지 않았으며 물질(色)이 없으면 나머지 4개의 덩어리는 존재하지 않고, 거꾸로 나머지 4개의 덩어리 중 어느 것 하나가 존재하지 않을 경우에도 존재는 무척 불안전한 상태가 되는 것이다. 사물을 인간 존재로 압축해 놓고 보면 5온 중 어느 하나가 없거나 불안전하면 인간 존재 자체가 없거나(존재하지 않거나) 불안전한 상태가 되는 것이다.

즉 5온은 모두 대등한 관계로 구성되어 있으며 물질과 정신은 별개의 것이 아니다. 5온의 다섯 덩어리들이 실제로는 각각 독립된 상태로 교합해 있는 것이 아니라 경계를 딱 잡아 가르기 불가능할 정도로 한 덩어리를 이루고 있는 것이다. 그러므로 5온은 각각 이질적 요소들의 구성이 아니라 경계가 모호한 동질적 요소들의 화학적 결합상태를 일컫는다.

색(色)과 식(識)은 별개의 것이 아니라 동일한 사물의 한 속성을 나타내는 말일 뿐이다. 그러므로 색은 곧 식이며 식은 곧 색이다. 물질과 영혼은 따로 존재하지 않고 물질이 영혼이며 영혼이 곧 물질이다. 영원한 존재로서의 영혼은 없다. 정신세계는 4대의 교합으로 이루어진 물질세계의 작용이자 반영(그림자)일 뿐이다. 그림자인 5온은 모두 허상이다. 따라서 존재도 허상이다. 허상 속에 자아는 없다 자아가 깃들일 자리가 없는 것이다. 5온으로 이루어진 인간 존재에 자아가 없는 까닭을 석가는 이렇게 설명한다. 여기서 자아란 '불변하는 나' 이다.

"5온은 자아가 아니다. 만약 색, 수 상, 행, 식이 자아라면 그것들은 병(病)을 복종시킬 수 있을 것이고, 사람들은 자신의 몸에게 '이렇게 되어라,' '저렇게 되지 말아라' 하고 명령할 수 있을 것이다. 그러나 실제로 우리는 그럴 수 없다."

5온이 자아이거나 자아에 속해 있는 것이라면 자아는 5온을 통제할 수 있어야 할 것이나 실제로 5온을 통제할 그 무엇을 우리는 가지고 있지 못하다. 이제 그 이유를 하나씩 뜯어보자.

먼저 내 몸(色)은 자아인가? 즉 불변하는 나인가? 이 문제는 어렵지 않다. 관찰의 대상이 다름 아닌 나 자신이기 때문이다. 지금의 나를 이루고 있는 물질적 구성 요소들을 분석해 보면 다섯 살 어릴 적은 말할 것도 없고 설흔 살 장년의 내 몸을 구성하고 있던 요소마저 남아 있지 않다. 유전자가 같고 면역체계가 어릴 때부터 죽을 때까지 유지되는 것은 물론이고 지문과 성문(聲紋) 등 다른 사람과 구별되는 나만의 특성이 없는 것은 아니며 골격과 혈액형, 얼굴 모습까지 일정한 바탕 위에서 유지 변화하여 늙어가는 것이 분명하다. 이런 특징적 지속성을 두고 사람들은 내 몸, 내 육신이라 하고 이를 곧 '나' 라고 생각할 수 있으나 바로 그 '나' 를 구성하고 있는 바탕 물질들은 끊임없이 변하여 신진대사, 노화 등의 작용에 의하여 전혀 다른 물질의 조합으로 이행한다. 그리고 죽음에 의하여 그 모든 물질적 토대는 붕괴하여 자연으로 되돌아간다. 이 육신에 '나' , 즉 자아가 있을까? "없다"고 석가는 단호하게 정의 내린다.

정신작용에는 실체가 있는가? 5온설에 의하면 사람의 정신은 물질의 여러 작용이며 그림자에 지나지 않는다. 신이비설신의의 감각 및 사고기관에 따라 형성된 색성향미촉법의 작용이 다시 시간과 공간 등(3세)에 따라 복잡하게 교직(交織)하면서 우리가 정신 또는 영혼이라 부르는 의식의 세계를 빚어낸다. 그럼 이 의식의 세계는 영원한가? 오히려 물질의 세계보다 더 변화가 무상하고 단멸이 신속하게 전개된다.

"사람의 생각은 한 시간에 수백 번 바뀐다"고 수행 경험이 풍부한 큰스님들은 이구동성으로 말한다. 참선을 하겠다고 선방에 앉아 보면 금새 알 수 있다. 생각을 비우고자 하나 비워지기는커녕 주마등처럼 이 생각에서 저 생각으로 내닫는 것이 '생각'의 실상이다. 오죽하면 마음의 그릇에서 변화무상하게 흐르는 의식을 비우고 빈 자리를 유지하기 위하여 화두를 창안하여 미친 것처럼 날뛰는 소를 코뚜레에 꿰어 붙들어 매는 것처럼 말뚝에 붙들어 매기까지 했을까?

그러나 '생각'은 변하기만 하는 것일까? 변하지 않는 생각은 없는 것일까? 아홉 살 어린 나이에 첫눈에 반한 여자 아이를 팔십 평생 잊지 못하는 지독한 사랑은 무엇인가? (《신곡(神曲)》의 저자 단테는 어릴 때의 첫사랑 베아뜨리체에 대한 사랑으로 이 작품을 썼다) 조국에 대한 충성심, 부모에 대한 효심, 친구에 대한 우정과 의리 등등 변하는 물질과 감각의 세계에서 변하지 않고 존재하는 정신적 일관성을 어떻게 설명할 것인가? 그러나 이런 윤리적 관념조차도 그 대상을 전제로 해야 존립하는 것으로 대상이 소멸하면 관념도 소멸한다. 그러므로 죽음 이후에도 존속하는 정신작용은 존재하지 않는다고 판단한 석가의 말은 틀림이 없다.

대개 사람들이 '나'라고 생각하는 자기 정체성은 기억의 집적물일 경우가 많다. 어릴 때의 아팠던 기억이나 환희의 추억이 낡은 책갈피처럼 의식의 밑바닥에 고여 있는 것을 두고 '나'라고 생각한다. 전쟁과 혁명의 기억 같은 것들이 사회적 기억의 덩어리를 만들어 내기도 한다. 그러한 기억들이 사고나 노화에 의한 뇌손상으로 파괴되면 당연히 '나'도 소멸한다. 멀쩡하던 사람이 교통사고로 뇌를 다치면 부모형제, 아내와 자식까지 몰라보는 '딴 사람'이 되는 경우를 본다. 그럼에도 불구하고 정신 또는 영혼에 영속하는 주체가 있다고 해야 할 것인가? "없다"는 것이 석가의 결론이다.

## 7. 연기법(緣起法)의 내용은 무아(無我)이다

석가는 자신의 관찰에 따른 '깨달음'을 다른 사람들에게 말할 기분이 아니었다. 말해봤자 당시 정신 문화의 풍토 속에서 제대로 알아들을 사람이 있을 지 회의가 들었기 때문이었다. 그러나 고민을 거듭한 끝에 마침내 자신이 깨달은 법을 사람들에게 알리기로 작정한 후부터 석가는 "나는 이 진리를 알아냈다. 너희들도 이 진리를 바로 보라."고 외쳤다. 그가 "바로 보라"고 외친 진리의 핵심은 존재란 무엇인가? 어떻게 생성하고 어떻게 소멸하는가? 라는 커다란 의문에 대한 궁극적이고 최종적인 대답이었다. 더 이상 명료한 진리가 있을 수 없다는 뜻에서 이를 스스로 정등각(正等覺)이라 했다.

석가는 말했다.

"이것이 있을 때 저것이 있고, 이것이 생겨날 때 저것이 생겨난다. 이것이 없을 때 저것이 없어지며 이것이 사라질 때 저것이 사라진다.

말하자면 이렇다. 무명(無明)에 연(緣)하여 행(行)이 생겨나고, 행에 연하여 식(識)이 생겨나고 식에 연하여 명색(名色)이 생겨나고, 명색에 연하여 육처(六處)가 있게 되며, 육처에 연하여 촉(觸)이 있고, 촉에 연하여 수(受)가 있으며 수를 조건으로 갈애(渴愛)가 생겨나고, 갈애가 있어 취(取)가 생겨나며, 취로 인하여 유(有)가 생기며, 유로 인하여 생(生)이 있고, 생이 있어 늙고 죽고 슬프고 절망하고 고통스러운 것들이 생겨난다. 이와 같이 하여 마침내 존재의 커다란 덩어리, 괴로움의 덩어리가 생겨나는 것이다."

(증일아함경 42권)

존재는 상의성(相依性)이다.

이것이 있으므로 저것이 있고 저것이 있으므로 이것이 있다. 그러므로 이것이 소멸하면 저것도 소멸하고 저것이 소멸하면 이것이 소멸한다. 태어나지 않으면 죽지도 않는다는 것이다. 스스로 존재하는 것은 없다. 사르트르는 존재의 양식을 즉자적 존재(卽自的 存在)와 대자적 존재(對

自的 存在)로 양분하고 돌 덩어리와 같은 의식이 없는 물질을 '스스로 존재하는' 즉자적 존재로 보고 인간의 경우처럼 다른 물질이나 사람과의 관계 속에서만 존립하는 존재를 대자적 존재로 명명했다. 석가가 발견한 존재의 상의상관성은 사르트르의 방식대로 하자면 대자적 존재의 특성을 고스란히 지니고 있는 셈이 된다.

저것이 없으면 지금의 '나'가 존재하지 않는다면 존재하는 '나'는 스스로 존재하는 것이 아니다. 불행히도 '나'는 스스로 존재하는 것이 아니라 다른 사물과의 관계 속에서만 존립하는 상의적인 존재이다. 따라서 '나'는 없다. 있다고 생각하는 것은 착각이거나 집착이다. 바로 이처럼 없는 것을 있다고 생각하는 착각이 무명(無明)이고 무명이 모든 존재의 연쇄적 고리를 형성하는 연기(緣起)의 출발점이다.

무명으로 인하여 행(行)이 있게 된다. 행(行)은 형성작용이라고 번역하기도 하는데 허상의 존재를 실재화하려는 작용을 통칭하는 말이다.

이처럼 무명과 행에 의하여 개체가 형성되면 거기에 식(識)이 생긴다. 이것과 저것을 가리고 시간과 공간을 한정하는 식별능력을 일컫는 말이다. 행이든 식이든 무명의 모래 위에 세워진 집이기 때문에 모두가 허상이다.

식(識)을 연(緣)하여 명색(名色)이 생긴다. 명(名)은 비물질적인 작용을 말하고 색(色)은 물질적인 것을 일컫는다. 따라서 명색은 물질적인 것과 비물질적인 것의 결합체인 존재의 양태를 말한다. 이를 5온에 대입하면 색은 색온에, 명은 수, 상, 행, 식온에 각각 해당할 것이다. 이처럼 5온으로 이루어진 인간의 존재는 근본부터 허상이다.

명색이 있으므로 육처(六處)가 생긴다. 육처는 안(眼), 이(耳), 비(鼻), 설(舌) 신(身), 의(意)의 여섯 개의 감각기관이다. 이를 육근(六根)이라 하는데 존재의 바탕이다. 석가는 존재의 바탕인 육근이 명색에 연하여 발생하는 것으로 그 자체가 허상이라고 보았다.

육처에 연하여 촉(觸)이 있다. 육처 즉 육근이 있으면 육근에 상응하는 대상(六境)이 있기 마련이며 그 대상과의 접촉이 있기 마련이다.

육처와 대상과의 접촉에 의하여 인간의 내부에 감수작용이 생겨난다. 이를 수(受)라 한다. 괴롭거나 즐겁거나 괴롭지도 즐겁지도 않는 느낌이 발생하는 것이다. 괴로움과 즐거움이 어디서 오는가? 석가는 냉정하게 그 근원을 밝히고 있다.

느낌은 괴롭거나 즐겁거나 괴롭지도 즐겁지도 않거나 셋 중의 하나이다. 인간은 당연히 즐거운 것을 탐착한다. 그것이 수(受)에 연하여 발생하는 애(愛) 즉 갈애(渴愛)이다. 갈애는 끝까지 수행자를 가로막는 장애물로서 대표적인 번뇌장(煩惱障)이다.

애를 연하여 취(取)가 있다. 수(受)에서 애(愛)가 생기고 애(愛)로 인하여 추구하는 대상을 소유하려는 집착심, 소유하는 과정과 작용을 취(取)라고 한다.

취(取)에 의하여 유(有)가 발생한다. '있다', '존재한다' 는 상태가 그것이다. 존재하는 방식은 욕계(欲界), 색계(色界), 무색계(無色界)의 세 가지(三界)이다. 그 어느 것이나 생사의 악순환을 벗어나지 못한다.

유(有)에 연하여 자연스럽게 생(生)이 발생한다. 그리고 생이 있으면 그에 따라 노(老), 사(死), 우(憂), 비(悲), 고(苦), 뇌(惱)가 따른다. 따라서 인생은 고(苦)다. 고의 커다란 덩어리다. 산다는 것은 괴로운 일도 많으나 즐거운 일도 많은데 불교에서는 하필 왜 고(苦)만을 강조하는가? 하고 의문을 나타내는 사람들이 더러 있는데 인생이 고라는 것은 이같은 인간 존재의 근본에 대한 사유 끝에 내려진 결론이다.

고(苦)라는 말은 단순히 우리말의 '괴로움' 만을 뜻하는 것은 아니다. '괴로움' 도 있지만 그보다 '불완전' 이라는 의미도 있다. 인간 존재는 왜 처음부터 완전하지 못한가? 왜, 누가 인간을 이따위로 만들었는지에 대해서 석가는 말하지 않는다. 다만 그는 인간 존재의 불완전하고 불합리한 현상을 있는 그대로 본 사람이다.

생사는 고다. 고는 유에서 연하여 발생하고 유는 생에 연하여 발생하며 생은 유에서, 유는 취에서, 취는 갈애에서, 갈애는 수에서, 수는 촉에서, 촉은 육처에서, 육처는 명색에서, 명색은 식에서, 식은 행에서, 행은 무명을 조건으로 발생한다. 그러므로 무명을 근본무명이라 한다. 무명에서 고의 진리에 이르는 사유를 순관(順觀)이라 하고 반대로 고에서 무명으로 근본을 천착하여 올라가는 사유를 역관(逆觀)이라 한다.

생노병사하는 고의 세계를 극복하고 대자유를 얻으려면 어떻게 해야할까? 질문 속에 이미 대답이 준비되어 있다. 근본무명을 멸진시키면 생사도 없다. 생사의 고로부터 자유롭다. 그러므로 무명에서 생사의 괴로움에 이르는 연기의 과정을 살펴보는 것(順觀)을 유전문(流轉門)이라 하고, 반대로 무명을 멸진하여 생사의 괴로움에서 해탈하는 과정을 환멸문(還滅門)이라 한다. 명칭이야 뭐가 되었든 석가가 깨달은 존재의 비밀, 인간 존재의 참모습이 적나라하게 드러난다. 이것을 알면 우리는 석가모니, 그가 이르렀던 대자유, 해탈의 경지에 한 발을 들여놓은 셈이다.

앞의 연기 체계를 연기법(緣起法), 또는 12연기(十二緣起)라 한다. 그바탕은 상의상관(相依相關)의 법칙이다.

이 세상에는 물질이든 정신이든 홀로 존재하는 것은 없으며 모든 존재하는 것은 시간과 공간(三界)에 걸친 제반 조건의 결합이다. 상황의 변화에 따라 조건이 변하면 존재도 변화한다. 고정불변하는 '나'는 애당초 존재했던 적이 없었다고 석가는 말한다. 그러므로 '나'라는 가상의 존재 위에 세웠던 모든 구조물은 허물어져야 마땅하다. 자연과학도 사회과학도 역사도 경제도 문화 예술도 허문 자리에 다시 세워야 한다. 생과 사의 본질을 밝혀놓은 석가의 대발견이 인류 역사에 던져준 의미는 무엇일까? 죽음이 더 이상 두렵기만한 절대적인 한계조건이 아니라는 것이었다. 이는 매우 중요하고도 의미심장한 메시지를 인간 세상에 던져주는 쾌거이다. 죽음은 인간의 능력과 지혜가 미치지 못하는 절대적인 것으로 신의 영역에 속하며 인간의 삶과 죽음을 관장하는 것은 초인 간적인 절대자의 힘이라는 속설과 믿음에서 인간을 해방시켜 준 선언문이기도 했다. 삶은 허망하다. 고통이다. 고통을 멸진하는 방법은 근본무명을 제거하는 길이다. 마찬가지로 죽음 또한 조건지어진 현상, 상의성을 지닌 인연법에 따라 찾아오는 현상에 지나지 않는 것으로 무명을 멸진하면 이 죽음 또한 멸진하는 것이다. 인간들에게 이보다 더 큰 희망을 주는 메시지가 어디 있겠는가? 석가의 깨달음이 지닌 진정한 가치, 그가 발견한 존재의 근본 원리인 연기법이 소중하고도 소중한 까닭이 여기 있다. 연기법이 최종적으로 밝히고자 한 것은 존재의 허무가 아니다. 허무를 넘어서서 삶의 속박과 죽음의 고통으로부터 자유를 얻는 길을 제시한 것, 이것이 석가가 우리에게 들려주고 싶었던 진리였고, 길이었다.

그러나 12인연법의 잘 체계화 된 연쇄적 인과를 보면서 여러 의문이 솟아나는 것을 막을 길은 없다. 우선 석가는 투철하고 차가운 마음으로 우주와 인간 존재의 진실을 꿰뚫어 보았을까?

석가는 자주 12인연법과 무아, 또는 4성제를 설파하는 장면에서 말미에 부연하기를 "(이와 같은 나의 말이 진리가 아니라면) 저 많은 비구들이 고행으로 수행하는 것이 모두 덧없는 일이 아니겠는가?" 하는 말로 자신의 주장에 대한 증빙으로 둘러 세우곤 했다. 그러나 이 말은 석가의 말이 모두 진리라는 증빙으로는 부족하다. 수천 수 만명의 수행자들이 한 목숨을 다 바쳐 믿고 따른다 해도 그것이 반드시 진리라는 보장은 없다. 우리는 이미 수많은 중생들이 신흥종교에 매료되어 삶을 거덜내는 모습을 지켜보았다. 그들의 수가 많고 적음, 그들의 믿음의 뜨겁고 차가움이 그들이 믿고 따르는 종교적 교설의 진리 여부를 판가름하는 잣대가 될 수 없다는 것은 명확하다. 석가가 그런 사실을 모르지는 않았을 터인데 왜 그랬을까.

여기서 우리는 석가의 깨달음의 세계와 그의 가르침이 차가운 철학자의 명상에 토대를 둔 것이 아니라 잘못되어 가고 있는 세상을 바로잡고 인간을 고통에서 해방시키려는 윤리적 목표가 강했음을 인정하지 않을 수 없다.

예를 들어 연기법에 등장하는 연쇄적 고리들은 어떤가? 무명-행-식-명색-6처-촉-수-갈애-취-유-생 -고로 이어지는 고리의 마디마다 무리는 없는가? 이것들은 관념이지 구체적인 경험적 진실과는 거리가 먼 것이 아닌가? 고리와 고리 사이의 연결과 상관성이 충분하지 못하거나 억지로 꿰맞춘 듯한 논리적 허점은 없는가? 그리고, 무명을 기점으로 삼았으나 무명 또한 다른 조건에 의해 형성된 것이 아닐까? 연기의 기점을 굳이 무명으로 한 까닭은 무엇인가? 마지막으로 고를 인과의 종착점으로 삼았으나 이것은 오히려 새로운 인과의 출발점이 아닐까? 연기의 법칙을 12단계로 설정한 것은 크 스승 석가의 큰 실수로 보여진다.

이와같은 연기법의 자잘한 의문과 반론에도 불구하고 존재의 상의상관성이라는 연기법의 큰 줄기는 여전히 움직일 수 없는 진실이다. 서양 철학자들이 인과를 어떻게 해부하든 상관 없이 석가가 밝힌 인과는 존재의 비밀을 파헤친 쾌거였고, 과학의 발달과 함께 오늘날 더 빛나는 진리로 자리매김하고 있다.

석가의 깨달음과 교설이 비록 당시 인도의 혼란한 사상계(브라흐마니즘의 퇴조에 따른 공백)를 아우르고 절망의 나락으로 가고 있던 인간의 삶에 윤리적 힘(해탈의 메시지)을 부어주기 위한 안간힘이었다 하더라도 그의 교설이 지닌 완벽성과 지향하는 정신세계의 위대성은 조금도 손상되지 아니한다. 여기에 석가의 진정한 위대성이 있다고 하겠다.


## 8. 일체(一切)는 12처(處)이다?

한 바라문이 세존을 찾아와서 말했다.

"세존이시여, 일체(一切)란 무엇입니까?"

세존께서 대답했다.

'일체는 12처를 말한다. 보는 것(眼)과 보이는 것(色), 듣는 것(耳)과 들리는 것(聲), 냄새 맡는 것(鼻)과 냄새(香), 맛보는 것(舌)과 맛(味), 만지는 것(身)과 촉감(觸), 생각하는 것(意)과 생각되는 사물(法), 이것을 일체라고 한다.'                    (잡아함경 319)


여기서 바라문이 질문한 일체는 존재 그 자체 또는 존재의 근원이다. 예로부터 철학의 기본이자 형이상학의 바탕으로서의 존재론적인 시시비비를 낳은 그 명제이다. 석가 이전 인도의 사상계를 지배하고 있던 바라문교에서는 '일체는 브라흐만'이었다. 브라흐만의 자기실현이 세계이자 우주였다. 어떤 유파에서는 물질이 세계라 했고 어떤 유파에서는 4대가 세계의 바탕이라 하고 어떤 유파에서는 여기에 몇 가지를 더 넣어 존재를 설명코자 했다.

플라톤의 이데아는 브라흐만교의 브라흐만과 비슷하다. 그러나 아리스토텔레스는 모든 것(일체)은 질료 또는 원료였던 것으로부터 성장한 형상 또는 실재라고 보았다. 이렇게 하여 생긴 형상은 보다 높은 형상을 성장시킬 질료가 된다. 어린아이는 난자를 질료로 성장한 형상이지만 다시 어른으로 성장할 질료가 된다는 것이다. 이와같은 무한한 운동은 어디서 비롯되었는가, 결국 그는 신의 존재를 상정한다. 운동의 근원으로서의 신이다. 세계를 창조하고 관리하는 신이 아니라 운동의 원인으로서의 신이다.

프란시스 베이컨은 경험론적 객관주의의 입장에서 실재론을 폈고, 주관주의적 관념철학을 다시 세운 데카르트는 정신은 어떤 것보다 자기 자신을 더욱 직접적으로 인식한다는 것, 정신은 감각 및 지각이 받아들이는 외부의 인상을 통해 외부세계를 인식하며, 그 결과 철학은 다른 모든 것은 의심하더라도 개인의 정신, 즉 자아로부터 출발해야 한다는 명제를 내놓았다.(我思故我有) 여기서부터 촉발된 사변철학과 인식론의 논의는 라이프니츠, 로크, 버클리, 흄, 칸트, 스피노자로 이어지면서 피곤하게 전개됐다. 2천년 전 그리스에서 일어난 일의 반복이었다. 고대 인도에서도 비슷한 논의가 만개했던 시기가 있었고, 그런 논의를 잠재운 것은 석가였다. 리그베다에서는 "실재는 오직 하나이지만 현명한 사람들은 이것을 여러 이름으로 부른다"고 하여 보편적 실재의 존재를 주장하고 있다. 이 세계는 보편적이고 절대적인 존재(브라흐만)의 자기 실현으로 전개된 것이므로 개아(個我)가 해야할 일은 브라흐만과 동일체가 되는 것이라고 했다.

실존주의 철학자로서 불교에 대해서도 조예가 있었던 하이데거는 〈형이상학이란 무엇인가?〉에서 "우리는 존재를 문제 삼아야 하나 존재는 무(無)를 계기로 나타난다. 무는 무이므로 우리들의 연구 대상이 못된다." 신을 그 자리에서 슬그머니 밀어내고 대신 무를 들여놓았다. 니체는 이것마저 허물었다. "사실들은 존재하지 않는다. 존재하는 것은 해석뿐이다."

멀리 돌아 동양의 붓다가 일찍이 깨달았던 진리의 끝자락을 붙들고 나온 것은 현대물리학이다. 현대물리학의 양자론은 물질의 원초적 형태인 원자의 구조를 밝히면서 결국 비존재의 존재, 즉 공의 사상에 접근하고 있는 것이다. 석가가 옳았다는 증거이다. 한 스님은 이에 대해 "부처님께서 2천 수백년 전에 명확하게 밝혀놓은 것을 서양 철학과 과학이 이제 겨우 그 끝자락을 붙들고 따라오기 시작했다"(活聲스님)고 했다.

아무것도 홀로, 스스로 존재하는 것은 없다. 감각과 지각 기능에 비친 허상일 뿐이다. 그러므로 꿈에서 깨어나라고 석가는 기회 있을 때마다 가르치고 있다. 단순히 "꿈에서 깨어나라"고 외치기만 하는 것이 아니라 꿈에서 깨어나 진정한 대자유에 이르는 길을 자상하게도 밝혀놓았다. 후세인들은 그가 먼저 가서 밝혀놓은 길을 따라 가기만 하면 해탈,

열반에 이르는 것이다. 석가가 세상에 태어난 것이 인류에게 행운이었던 이유가 여기 있다.

그러나 여전히 문제는 남는다. 필자는 어떤 종교인이나 철학자의 심오한 분석보다 소설가인 존 스타인벡이 중편소설 〈불만의 겨울〉에서 쓴 다음 구절이 절절하게 가슴을 친다.

"나는 초감각적인 개념이나 번개나 수소탄이나 오랑캐꽃이나 물고기 떼까지도 믿지 않습니다만, 그들이 존재한다는 것을 압니다."

이 소설가는 존재는 의심할 여지 없는 진실이라는 가정 위에 서 있다. 2천 수백년 전에 한 위대한 사람이 '존재는 허상' 이라고 밝혀놓았다는 사실을 아마도 그는 알지 못했던 것 같다.

눈 밝은 이들은 여기서 알아야 한다. 석가가 그 많은 비유와 논리와 직관을 통하여 가르치려고 했던 것이 무엇인지를. '보리가 번뇌이고 중생이 부처' 라는 말 속에 모든 것이 함축돼 있는 것이다.


## 9. 가르침의 끝에서 길은 시작된다

깨달음은 앎(識)이다. '깨달았다' 는 것은 '알아냈다' 는 것이다. 사물에 대해 안다, 알아냈다는 것이 죽음으로부터 우리를 해방시켜 주는가? 마음의 절대적 안정을 가져다 주는가? 아니다. 키엘케고르의 〈죽음에 이르는 병〉에 이런 우화가 있다. 〈영원에 이르는 길〉이라는 책을 쓴 박식한 저자가 있었다. 사람이 구원을 받고 영원한 생명을 얻기 위해 어떤 길을 걸어야 하는지 명쾌한 필치로 쓴 감동적인 책이었다. 베스트셀러가 되었고 저자는 대단한 명성을 얻었다. 그러나 몇 해 후 이 책의 저자에게 심각한 일이 일어났다. 자신의 구원을 확신할 수 없었고, 죽음의 공포가 그를 사로잡았다. 고뇌 끝에 그는 신부 한 사람을 찾아가 자신의 고뇌를 털어놓았다. 그러자 신부가 말했다.

"〈영원에 이르는 길〉이라는 책을 읽어보세요. 당신 같은 고통에 빠진 사람을 구원하는 메시지가 가득한 책입니다. 만약 그 책을 읽고도 구원받지 못한다면 당신은 어떻게 해 볼 도리가 없는 사람입니다."

키엘케고르가 인용한 이 우화를 통하여 우리는 다양한 철학적 견해를 끌어낼 수 있을 것이다. 우둔한 필자가 이 우화를 통해 제일 먼저 받은 교훈은 '언어의 한계성'이었다. 우화에 등장하는 책의 저자도 뭔가 아는 것이 있어 그 책을 썼을 것이다. 혹은 쥐뿔도 아는 것 없이 그저 현란한 글솜씨만 휘둘러 책을 팔아먹기 위해 글을 썼을지도 모른다. 어쨌거나 그 목적이 돈벌이에 있든 명예에 있든 책을 한 권 쓴다는 것은 성냥공장에서 성냥 만드는 작업과는 달리 엄정하고 고통스러운 사고작업을 요구한다. 두부공장이나 신발공장 같은 제조업과 원고를 쓰는 집필작업이 같을 수는 없기 때문이다. 그의 활동은 지적이다. 지(知)는 앎이다. 불교에서 깨닫는다는 것도 달리 말하면 '안다'는 것과 동의어이다. 앞서 키엘케고르가 인용한 우화에 등장하는 저자는 많이 '아는' 사람이었다. 그러나 그의 앎, 즉 지식은 자기 자신의 영혼 구원에는 아무런 도움이 되지 못한다는 사실이 밝혀졌다. 키엘케고르가 말하고자 했던 것도 이것이었을 것이다. '깨닫는다' 는 것도 넓은 의미에서 '안다' 는 것이라면 누가 깨달았다 해서 그가 곧바로 해탈의 경지에 이르렀다고 단정할 수는 없다. 실제로 필자는 자칭 타칭 '한소식했다' 는 스님들을 만나 살펴본 즉 그들의 '한소식' 이 그들의 삶을 변화시키지 못했으며 고뇌를 불식하지도 못했음을 확인할 수 있었다. 깨닫기 이전과 깨달은 이후의 생활과 행위가 마찬가지라면 도대체 깨달음이란 무엇인가? 그런 의문을 일으키게 했다.

좀 더 구체적으로 생각해 보자. 존재의 바탕이 인과이며 존재 자체가 상의상관적인데다 무아임을 안다고 해서 내 삶의 무엇이 달라지는가? 그렇다고 죽음이 오지 않는다는 보장도 없고 고통스러운 현실로부터 도망갈 수도 없다. 중도의 법칙을 깨달았다 해서 중도가 밥 먹여 주던가?

그렇다면 '깨달음' 은 단순한 지식이 아니라 마음과 몸이 체험적으로 체득한 진리임을 알겠다. 모든 사고와 모든 행위의 바탕이 깨달음으로 인하여 변하는 것, 그것이 석가가 요구하는 깨달음인 것이다.

무엇으로 깨닫는가? 마음이다. '마음' 도 '모든 존재' 인 12처의 테두리를 벗어나지 못한다. 즉 인과의 법칙에 따라 생멸한다. 그런 마음으로 깨닫는 것이 얼마나 완벽하겠는가? 마음 자체가 이미 생멸법의 테두리 안에 있는 것이라면 '마음으로 깨달은 경지' 또한 완벽할 수 없는 것이다. 석가는 "부처가 태어나 깨달았든 깨닫지 못했든 상관 없이 법은 그 자체로 존재한다"고 했다. 그렇다면 불교는 여기서 전혀 차원이 다른 새로운 문제 속으로 진입한다. 부처님인 석가의 깨달음과 관계 없이 스스로 존재하는 법은 대체 누가 왜 만들었는가?

혹은 어떻게 형성되었는가? 그 법도 인과의 법칙에 의하여 형성되었는가? 하는 문제가 그것이다. 석가는 풀리지 않는, 거대한 의문의 연쇄 고리를 제시해 놓은 셈이다.

여기서부터는 석가의 가르침(法燈明)으로 길을 찾는 것이 아니라 스스로 길을 찾는(自燈明) 단계로 진입한다.

그런 길을 안내해 준 석가야말로 훌륭한 스승이었고, 유머와 재치가 넘치는 스승이었다.

# 2. 해탈(解脫)의 길

## 1. '깨달음'은 수행의 시작이다

인간의 의식은 행위로서 완성된다. 서울에서 부산까지 430km라는 사실을 아는 것만으로 부산에 가 있는 것은 아니다. 자동차를 몰고 나서거나 기차 또는 비행기를 타고 길 떠나는 행동에 나서야 비로소 부산에 도착할 수 있다.

존재가 조건의 연쇄일 뿐이며 그 연쇄의 고리 속에 상주불변하는 자아가 없다는 것을 알았다는 것만으로 우리가 해탈에 이를 수가 있을까? 그렇지 않다. 3단논법으로 하자면 '모든 인간은 죽는다. 나는 인간이다. 고로 나는 죽는다'는 것이 자명하다. '깨달음'이 단순한 인식활동이라면 '아는 것'은 곧 깨달음이다. 그러나 내가 언젠가 반드시 죽는다는 것을 안다고 해서 죽음의 공포가 덜해지는 것은 아니고 하물며 죽음을 극복할 수는 없다. 그러므로 '깨달음'은 불법 수행의 완성이 될 수 없다. 그건 어느 의미에서 시작일 뿐이다. 석가의 일생을 보라. 최상승의 진리를 얻었지만 그는 나태하거나 탐착하거나 포기하는 법이 없었다. 그는 평생을 수행자의 자세로 살았다. 그저 제자들에게 본을 보이기 위해 그렇게 살았던 것은 아니었다. 석가도 중도에 포기하거나 나태했다면 범상한 인간이 돼버렸을지도 모른다. 모든 사람이 부처님, 세존으로 추앙하니 거만해져서 왕의 칭호를 자청하여 거들먹거렸다면 그는 그토록 오랜 세월 동안 그토록 많은 사람들에게 가르침을 베푸는 대스승이 되지는 못했을 것이다.

그러나 '깨달음' 없는 수행은 어떨까? 빈 깡통 같을 것이고 허망한 인생일 것이다. 평생을 비구로 수행하고서도 늙어 세상을 떠날 즈음에도 머리가 터지는 경지를 맛보지 못하고 암매(暗昧)한 상태에 있다면 그보다 슬프고 헛된 일도 없을 것이다. 석가의 경우 '깨달음'(慧)이 곧 해탈(定)이었다. 앞서 6년간 치열한 고행을 해 온 그는 고행의 끝자락에서 찾아온 대각(大覺)을 곧바로 해탈의 환희로 누릴 수 있었다. 그러나 후세의 모든 수행자들, 또는 재가 불자들이 모두 석가와 마찬가지로 '아는 것이 곧 해탈'이라는 등식이 성립되는 것은 아니다.

부처님께서 기수급고독원에 계실 때 비구들에게 말씀하셨다.

"색은 무상하다. 이렇게 바르게 관찰하면 색에 대한 애착이 없어지고 그로부터 떠나게 되어 탐심이 없어지므로 마음의 해탈을 얻는다. 수·상·행·식도 이렇게 관찰하고 무상·고·공·무아에 대해서도 이렇게 관찰하라. 이와 같이 하여 해탈을 얻은 사람은 생을 다하고 범행을 세워 할 일을 마쳐 다시는 생을 받지 않는다."

　석가는 바르게 관찰하는 것만으로 해탈에 이르렀다고 밝히고 있다. 석가 이후의 수행자들이 석가처럼 '깨닫는 순간 해탈에 이르는' 길을 찾지 못하는 것은 그들의 깨달음이 불완전했기 때문이었거나 머리로 깨닫는 '차가운 깨달음' 이었기 때문일 것이다. 반면에 석가의 깨달음은 체중과 삶의 무게를 모두 실어서 온몸으로 녹여내는 깨달음이었을 것이다. 오랜 수행 끝에 깨닫는 사람에게 일어나는 기적이 바로 그것이다. 반면에 수행이 짧은 재가신도나 마음만 급한 수행자들은 그런 경지에 이르기 어렵다.

　　부처님께서 기수급고독원에 계실 때 비구들에게 말씀하셨다.

　　"나는 세상과 다투지 않는다. 나는 법답게 말하고 지혜롭게 말하기 때문이다. 색은 무상하고 괴롭고 변하고 바뀐다. 이를 아는 자는 다툼이 없다. 그러므로 이렇게 깨달아, 사람들을 위해 분별하고 연설하여 나타내 보이지만, 세간의 눈 먼 장님들은 그것을 알아보지도 못한다. 그러나 그것은 나의 허물이 아니다."

　　　　　　　　　　　　　　　　(잡아함경 제2권. 我經 · 卑下經)

　　"취하기 때문에 착이 생기고 취하지 아니하면 착이 생기지 않는다. 어리석은 범부들은 5온에 대해서 집착하므로 거기서 즐거움과 공포, 장애가 생기니 만일 마음에 어지러움이 없어지면 취착하지 않으므로 해탈을 얻을 수 있다. "

　　　　　　　　　　　　　　　　《《잡아함경》 제 2권. 取着經)

부처님께서 비살리 미후강변에 계실 때, 총명한 니건자 한 사람이 탁발 나가 점잖은 부처님 제자 아습파서(阿濕波誓)를 보고 물었다.

"당신의 스승은 무엇을 가르칩니까?"

"5온이 다 공한 이치를 가르칩니다."

이 말을 들은 니건자는

"내 직접 구담 사문을 만나 논전하리라."

하고 5백명의 리차족을 데리고 가서 물었다.

"부처님께서는 5온은 고통이고 괴로움이며, 내가 없다고 가르치신다 들었는데, 사실입니까?"

"그렇다."

"저는 땅이 모든 것의 의지처가 되듯이 선악은 나를 의지처로 한다 생각합니다."

"그렇다면 수·상·행·식이 곧 나라는 말 아닌가?"

"그렇습니다."

"한 나라의 임금님이 죄인을 다스릴 때 죽이기도 하고 살리기도 하고, 손발을 묶어 쫓아내기도 하는데 이것이 누구의 마음인가?"

대답을 하지 못하고 한참 있다가

"사람의 마음입니다."

"그러면 그 생각은 영원한 것인가, 무상한 것인가, 주체가 있는가, 없는가?"

"무상, 무아한 것입니다."

"그렇다면 더 이상 설할 것이 없다. 더 이상 무지를 가지고 사람들을 농락하지 마라."

(〈잡아함경〉 제5권 薩遮經)

마음이 통일되어 청정하게 되고 순수하게 되고 오염되지 않고 번뇌가 없고 순일하게 되어 부동하게 될 때 그 수행자는 그의 마음을(번뇌를 멸하는) 통찰지혜(智見, 위빠사나 지혜)쪽으로 전환해야 하느니라.

그리하여 다음과 같이 여실하게 이해하느니라.

"나의 이 몸은 물질로 이루어져 있다. 지, 수, 화, 풍의 4대로 이루어져 있으며, 부모로부터 생겨난 것이며 음식과 영양으로 이루어져 있어 무상하고 줄어들고 소멸되는 성질이 있다. 나의 의식 역시 몸에 의지해 있고 몸과 결부되어 있다……

이것이 고이고 이것이 고의 원인이고 이것이 고의 멸이고…… 이것이 번뇌이고, 이것이 번뇌의 소멸이고…… 윤회는 끝났다. 청정한 삶은 완성되었다……

(〈장부경〉, 사문과경)

만약 음란한 마음을 끊지 않는다면 절대로 번뇌에서 벗어날 수 없다. 설사 근기가 뛰어나 선정이나 지혜가 생겼다 할지라도 음행을 끊지 않으면 반드시 마군의 길에 떨어지고 말 것이다. 내가 열반에 든 뒤 말세에는 그러한 마군의 무리들이 성행하여 음행을 탐하면서도 선지식 노릇을 하여 어리석은 중생들을 애욕과 삿된 소견의 구렁에 빠뜨릴 것이다.

(〈능엄경〉 6)

아난다야…… (큰 거짓말이란) 알지 못하면서 알았다 하고, 깨닫지 못했으면서 깨달았다고 하는 것이다. 자기가 도인인 척하면서 '나는 이미 아라한과(果)를 증득하고 보살의 자리에 올랐다'고 하여 타인의 예배와 공양을 바란다면, 이런 사람은 부처의 종자가 소멸되고 선근이 아주 없어져버릴 것이다. 다시 지혜가 생길 수 없으며 삼악도에 떨어져 헤어날 수 없을 것이다. 내가 열반에 든 뒤 말세에 보살이나 아라한을 여러 가지 인물로 화현시켜 중생을 제도케 할지라도 '나는 보살이다' '나는 아라한이다' 하여 후학들에게 여래의 비밀을 누설치 못하게 할 것이다. 그런데 어떻게 중생을 속이는 큰 거짓말을 한단 말인가."

  석가의 깊은 통찰을 통하여 우리는 비로소 존재의 비밀을 알았다. 그것은 상의상대(相依相待)의 모습으로 서로 원인이 되고 결과가 되면서 연쇄적인 고리를 이루어 형성된 것이었다. 물질(色)도 정신(識)도 마찬가지였다. 그러나 안다는 것만으로 '이 언덕'을 떠나 해탈의 '저 언덕'으로 갈 수가 없다. 나룻배가 필요한 것이다. 배를 젓는 사공도 있어야 하고 물살을 가로지르며 나아가 저쪽 언덕으로 가고자 하는 강한 의지도 있어야 한다. 그것이 무엇인가? 앞에서 우리는 그 길을 밝혀놓지 않았다면 석가도 철학사의 한 문장으로 소개됐을 인물이었을 것으로 이해했다. 석가의 진정한 면모는 존재의 비밀을 알아낸 데에도 있지만 그것을 딛고 일어나 해탈의 길로 인류를 이끌어간 용기와 지혜에 있다고 할 것이다.
  고집멸도(苦集滅道)의 4성제(四聖諦 괴로움의 진리, 괴로움의 발생의 진리, 괴로움의 소멸의 진리, 괴로움의 소멸로 가는 길)는 석가의 깨달음과 가르침을 전체적으로 아우르는 큰 테두리를 말한다. 인생은 무아이기 때문에 근본 고이며 고의 커다란 덩어리가 존재의 실상이고 연기의 역관(逆觀)을 통해 고를 소멸시키는 방법도 알았다. 그러나 그것이 해탈로 이어지기까지에는 종교적 수행이 필요했던 것이며 그 방법을 석가는 진작부터 8개의 바른 길(八正道)로 요약해 주었다. 그러나 길은 길일 뿐이며 그 자체가 목적지는 아니다.

"세존께서 말씀하셨다.

수행승들이여. 어떤 사람이 여행을 하다가 강 언덕에서 홍수를 만났다. 이쪽 언덕은 위험하여 두려우나 저쪽 언덕은 안온하여 두려움이 없어 보이는데 발 아래로는 거친 강물이 도도하게 흐르고 있어 건너갈 도리가 없다. 다리도 없고 나룻배도 없었다. 여행자는 궁리 끝에 나뭇가지와 풀을 뜯어 모아 뗏목을 만들기로 했다. 많은 노력 끝에 그는 뗏목을 만들었고, 그것을 손과 발로 저어 거친 강물을 헤쳐나간 끝에 마침내 건너편 언덕으로 올랐다. 저편 언덕에 도착한 여행자는 생각했다. '이 뗏목을 어떻게 할까? 나를 여기까지 실어다 준 귀한 물건이니 어깨에 메고 갈까?' 수행승들이여, 어떻게 생각하느냐? 그 사람이 뗏목을 둘러메고 다니는 것이 옳으냐?"

대중이 대답했다.

"그렇지 않습니다. 세존이시여."

"그 사람이 어떻게 하는 것이 바른 일인가? 그 사람이 저편 언덕에 도착했을 때 이렇게 생각했다고 하자. '이제 나는 이 뗏목을 물가 육지에 비끌어 메놓거나 물속에 가라앉히고 내 갈 곳으로 가버릴까?' 수행승들이여, 이와 같이 생각하고 행했다면 그 여행자는 바르게 판단하고 바르게 행동한 것이다. 수행승들이여, 나는 강을 건너가기 위해 만든 뗏목에 집착하지 않도록 이 이야기를 한 것이다. 이 비유를 제대로 알면 너희들은 법(法)까지도 버려야 하거늘 하물며 비법(非法)이겠는가?"

이 유명한 비유의 설법을 두고 사람들은 '강을 건너면 뗏목을 버려라'하는 강한 메시지를 읽고 즐거워한다. 그러나 내가 보기에 이 비유가 담고 있는 진짜 메시지는 마지막 대목, 즉 '법도 버려야 하거늘 비법이랴'하는 대목에 있다고 본다. 법마저도 강을 건너기 위한 뗏목 같은 것이라면 비법은 뗏목을 저어가는 여행자를 한사코 방해하는 거친 물살과 같은 것이다. 이것을 제거하지 못하면 제아무리 튼튼한 뗏목을 만들어 타고 가더라도 절대로 저쪽 언덕에 이르지 못한다는 것을 석가는 가르치고자 했던 것이다. 비법이 아닌 정법. 정도를 걸어가라는 지침, 이것이 8정도다. 8정도에 의하여 석가의 가르침은 완성된다.

## 2. 길은 있다

필자가 알고 있는 문단의 한 선배는 불혹의 나이가 되자 입버릇처럼 말했다.

"늙지도 젊지도 않은 이 더러운 나이 때문에, 아, 어찌하나. 어찌해야하나."

어찌하지도 못하는 사이에 그는 쉰을 넘고 환갑을 지나 지금은 칠십대, 거의 마무리를 해야할 단계에 왔다. 그를 그토록 괴롭히던 욕망은 육체의 노쇠와 함께 많이 사그라졌을 것이다. 그 대신 한 걸음씩 턱 밑에 다가오는 검은손을 보면서 이번에는 "이 더러운 인생을," 하고 한탄하고 있을지도 모르겠다.

더러운 인생이다. 어쩌자고 사랑을 주고 또 이별과 환멸을 주었나? 어쩌자고 영원에 대한 갈망과 함께 죽음을 인식하는 능력을 주었나? 이런 불합리한 인간을 창조주가 만들었다면 멱살이라도 잡겠는데 누가 만들었다는 증거는 없고 창조주의 외투 자락도 아직은 보이지 않는다.

누군가 이 존재의 비밀을 밝혀주었으면 좋겠다 싶은데 왕자의 자리를 내던지고 그 일에 도전하고 나선 사람이 있었다. 석가였다. 그가 밝혀 주었다. 인간이 지닌 사고력으로는 더 이상 미치지 못할 곳까지 그는 천착해 들어갔다. 그리하여 밝혀낸 결론은 허무한 것이었다. 죽음은 끝도 아니고 끝이 아닌 것도 아니다. 잠꼬대 같은 이 말이 무슨 뜻인가 하여 우리는 다시 머리를 싸매고 생각을 굴려야 했다. 아, 이제야 알았다. 무아로구나, 그리고 중도로구나, 무아이든 중도이든 우리가 일상 꿈꾸어 오던 '영원한 생명'은 그저 환상에 지나지 않는 것이구나. 그것을 알고부터 사람들의 삶에 대한 태도는 쫙 갈라졌다.

첫째 부류는 허무주의에 빠지는 것이다. 존재라는 것은 물질에 지나지 않으며 정신 혹은 영혼이라는 것은 관념일 뿐이다. 그리고 생명은 일회성이다. 한 번 태어나 죽으면 모든 것은 끝이다. 즉 단멸성이다. 이런 단멸성의 존재가 무슨 거창한 이상이나 도덕률을 위하여 생명을 바칠 필요가 없다. 그럴만한 가치가 없다. 그러므로 육신이 요구하는대로 살다가 가면 그만이다. 이른바 쾌락주의인데 쾌락주의가 실은 형이상학적 허무주의와 뿌리를 함께 하고 있다는 사실을 염두에 두어야 한다.

다른 하나는 인간이 지니고 있는 내재적 한계를 치열한 연마를 통하여 극복해 보려는 노력이다. 이런 부류의 사람들은 육체를 단금질하면 정신은 엄청난 능력을 폭발시킨다는 믿음을 지니고 있다. 자이나교와 같은 경우가 그것이다. 극단적인 고행을 일삼는 수행자들이 석가 이전에도 있었고 이후에도 있었다. 석가는 위의 두 부류의 생각과 주장들을 모두 사견(邪見) 또는 변견(邊見)이라 하여 타파한다. 극단적 고행도 지양하고 방일(放逸)한 쾌락주의와 게으른 속물주의도 아울러 지양하여 바른 길을 제시한다. 그것이 8정도다. 적어도 이것만은 지키고 체득해야 해탈에 이를 수 있다는 일종의 가이드 라인이다. 이후 45년 동안 석가가 많은 언설로 중생을 가르친 것은 그 내용이 모두 이 8정도에 함축되어 있다. 8정도를 꿰뚫는 근본은 무아, 중도이며, 그것을 깨달아 해탈에 이르는 길은 8정도에 있다는 것이다.

석가가 제시한 '해탈에 이르는 바른 길'은 여덟가지의 거룩한 길(八聖道), 혹은 여덟가지의 올바른 길(八正道)이라 일컬어진다. 일반적으로 팔정도라 부르는 경우가 많기 때문에 여기서도 팔정도로 부르기로 한다. 그 순서는 다음과 같다.


(1) 올바른 견해(正見)
(2) 올바른 사유(正思)

(3) 올바른 말(正語)

(4) 올바른 행위(正業)

(5) 올바른 생활(正命)

(6) 올바른 정진(正精進)

(7) 올바른 새김(正念)

(8) 올바른 집중(正定)


이 여덟 가지 올바른 길은 흔히 나열한 순서에 따라 순차적으로 닦는
것이 아니라 여덟 가지 모두 상통하는 커다란 수행의 부분들이라고 보
는 것이 옳다. 여덟 가지 올바른 길을 꿰는 하나의 진리는 중도이다. 중
도는 무아를 바탕으로 삼는다.


"수행승들이여. 출가자는 두 가지 극단을 피하기 때문에 이를 중도라고 한다. 무엇
이 두 가지인가? 하나는 감각적 쾌락에 탐착하는 것이니 저열하고 비속하고 범부의
소행일 뿐 결코 성현의 법이 아니다. 그리고 쾌락에 탐착하는 것은 무익한 짓이다. 다
른 하나는 스스로 괴롭힘을 일삼는 것이니 이것 또한 무익한 것으로 성현의 법이 아
니다. 수행승들이여, 여래는 이 두 가지 극단을 떠나 중도를 깨달았다."

《상윳따 니까야》


8정도는 곧 중도의 법이라고 강조하고 있는 것이다. 여덟 가지 바른 길
에 관한 석가 자신의 설명을 들어보자.

"수행승들이여, 여덟 가지 올바른 길이란 어떠한 것인가? 그것은 올바른 견해, 올바른 사유, 올바른 언어, 올바른 행위, 올바른 생활, 올바른 정진, 올바른 새김, 올바른 집중이다.

수행승들이여, 올바른 견해란 무엇인가? 괴로움에 대하여 알고, 괴로움의 소멸에 대하여 알고, 괴로움의 소멸에 이르는 길에 대하여 알면 그것을 올바른 견해라고 한다.

수행승들이여, 올바른 사유란 무엇인가? 욕망을 여읜 사유, 분노를 여읜 사유, 폭력을 여읜 사유를 하면 그것을 올바른 사유라고 한다.

수행승들이여, 올바른 언어란 무엇인가? 거짓말을 하지 않고, 이간질을 하지 않고, 욕지거리를 하지 않고, 아첨하는 말을 하지 않으면 그것을 올바른 언어라고 한다.

수행승들이여, 올바른 행위란 무엇인가? 살아 있는 생명을 죽이지 않고, 주지 않는 것을 뺏지 않고, 청정하지 못한 삶을 살지 않는다면 그것을 올바른 행위라고 한다.

수행승들이여, 올바른 생활이란 무엇인가? 거룩한 제자가 세상에 살면서도 잘못된 생활을 버리고 올바른 생활로 생계를 꾸려간다면 그것을 올바른 생활이라고 한다.

수행승들이여, 올바른 정진이란 무엇인가?

이 세상에서 수행승이

첫째 아직 생겨나지 않은 악하고 나쁜 상태가 생겨나지 않도록 의욕을 일으키고, 힘을 고취하고, 마음을 다잡고, 정근(精勤)하고,

둘째, 이미 생겨난 악하고 나쁜 상태를 버리기 위하여 의욕을 일으키고, 노력하고, 힘을 고취하고, 마음을 다잡고, 정근하고,

셋째, 이미 생겨난 악하고 나쁜 상태를 버리기 위하여 의욕을 일으키고, 노력하고 힘을 고취하고, 마음을 다잡고, 정근하고,

넷째, 이미 생겨난 착하고 좋은 상태를 유지시키고, 줄어들지 않게 하고, 증가시키고 확대시키고 계발하고 완성시키기 위하여 의욕을 일으키고, 노력하고, 힘을 고취하고, 마음을 다잡고, 정근한다. 수행승들이여, 이것을 올바른 정진이라고 한다.

수행승들이여, 올바른 새김이란 무엇인가?

첫째, 열심히 노력하고, 분명하게 알아채고, 새김을 확립하고, 탐욕과 근심을 제거하면서, 몸에 대해 몸을 관찰하고(身隨觀),

둘째, 열심히 노력하고, 분명하게 알아채고, 새김을 확립하고, 탐욕과 근심을 제거하면서, 느낌에 대해 느낌을 관찰하고(受隨觀),

셋째, 열심히 노력하고, 분명하게 알아채고, 새김을 확립하고, 탐욕과 근심을 제거하면서, 마음에 대해 마음을 관찰하고(心隨觀),

넷째, 열심히 노력하고, 분명하게 알아채고, 새김을 확립하고, 탐욕과 근심을 제거하고, 사실에 대해 사실을 관찰한다.(法隨觀)

수행승들이여, 올바른 집중이란 무엇인가?

첫째, 감각적 쾌락과 욕망에서 떠나고, 바르지 못한 상태를 제거하면서 사유와 숙고하는 습관을 길러 멀리 떠남에서 생겨난 기쁨과 행복을 갖추어 선정에 든다.(一禪)

둘째, 사유와 숙고를 멈춘 뒤, 마음을 통일하여 내적인 고요를 갖추고, 사유와 숙고를 뛰어넘어 삼매에서 생겨난 기쁨과 행복을 갖춘 두 번째 선정에 든다.(二禪)

셋째, 희열마저 사라진 뒤 평정한 새김이 있고, 분명하게 알아차리고, 신체적으로도 행복을 느끼는 세 번째 선정에 든다(三禪).

넷째, 즐거움과 괴로움이 사라지고 기쁨과 근심도 사라지며 즐거움도 없고 괴로움도 없는 평정하고 청정한 네 번째 선정(四禪)에 든다.

수행승들이여, 이것을 올바른 선정이라 한다."


이들 여덟 가지 올바른 길의 속성을 살펴보면 흔히 불교에서 3학(三學)이라 부르는 계(戒), 정(定), 혜(慧) 중의 어느 하나와 더 깊은 관련성이 있는 것으로 분류해 볼 수 있다. 예를 들면 정어(正語), 정업(正業), 정명(正命)은 계(戒)와 관련성이 깊고, 정정진(正精進), 정념(正念), 정정(正定)은 명상, 삼매, 참선과 가까우며, 정견(正見), 정사유(正思惟)는 지혜와 관련성이 깊은 것이다. 그러나 8정도는 앞에서도 말한 바와 같이 각각 독립된 명제가 아니라 상호의존적이고 상호보완적인 관계가 있는 항목들이므로 굳이 3학의 어느 한 부류로 분류하는 것은 자위적인 편법이다. 그래서 '관련성이 더 깊다'고 하는 것이다.

이쯤에서 짚어야 할 문제가 하나 있다. 앞서 우리는 석가가 뗏목의 비유를 통하여 이쪽 언덕에서 저쪽 언덕으로 가는 여행자가 유의해야할 일을 살펴 본 바가 있었다. 그럼 저쪽 언덕에는 무엇이 있는가? 여덟 가지의 바른 길을 걸어 저쪽 언덕, 즉 열반, 해탈이라 하는 언덕에 닿았다 하자. 거기에는 무엇이 있는가? 혹시 그곳 역시 새로운 출발의 시작점은 아닐까? 인생이 늘 그렇듯이.

혹시 비유가 잘못된 것은 아닐까? '길'은 어떤 목적지를 향해 가는 과정이다. 우리의 목적지는 열반이며 해탈이다. '극락'이라고도 표현된다. 그런 곳이 과연 있는가? 서방 정토는 서쪽 어디쯤에 실재하는가? '없다' 는 것이 바른 대답이다. 서방정토도 극락도, 열반도 없는데 이 길은 대체 어디로 가라는 길인가? 길 자체가, 길을 걷는 행위 자체가 열반이고 해탈이 아닐까? 선승들은 "달을 가리키는데 왜 달은 보지 않고 손가락만 보느냐"고 나무라지만 사실은 달이 곧 손가락이고 손가락이 달 아닐까?

이런 의문을 마음 자락에 깔고 이제 석가가 제시한 여덟 가지 바른 길을 하나씩 살펴볼 차례다.

## (1) 올바른 견해(正見)

석가가 네란자라 강 언덕의 우루벨라 마을 보리수 아래에서 정등각을 성취하고 이레동안 해탈의 기쁨을 만끽하며 연기법을 순관, 역관으로 살펴보는가 하면 모든 존재의 실상과 세상의 어리석음을 바라보고 무한한 자비심을 느꼈다. 그 감흥을 석가는 다음의 시구로 읊었다.

고통 속에 태어나 접촉에 시달리면서도
이 세상은 질병을 자기라고 부른다.
그러나 그것은 진실이 아니다.

존재에 집착하여 존재한다고 착각한다.
존재에 패배 당하면서도 존재한다고 즐거워한다.

살아 있다는 것은 즐기기에는 너무 두려운 일이고

두려운 것은 괴로움이다.

이 존재를 버리기 위해 사는 것이야말로 청정한 삶이다.


수행자이든 성직자이든

존재를 통하여 존재로부터의

완전한 해탈을 이룬다고 말한다면

나는 말한다.

그들 모두 존재로부터 완전한 해탈을 이루지 못했다고


수행자이든 성직자이든

비존재를 통하여 존재로부터의

완전한 해탈이 이루어진다고 말한다면

나는 말한다.

그들은 모두 완전한 해탈을 이루지 못했다고.


집착의 대상을 조건으로

이 괴로움이 생겨난다.

모든 집착을 부수면

괴로움도 소멸한다.

세상을 보라.

무명을 조건으로 존재가 되어

그 존재를 즐거워하고

마침내 (존재에서) 벗어나지 못한다.


어느 곳, 어떠한 존재이든

모든 존재는 무상하고,

괴롭고 변하는 것이다.


이와같이 진실을 있는 그대로

올바른 지혜로 보면

갈애는 버려지고

비존재에도 환희하지 않는다.

모든 갈애가 부서지고 남김없이 사라진 곳에

열반이 있다.


수행승이 열반에 들면

집착을 여의고 다시는 태어나지 않는다.

악마는 정복되고 전투에서 승리하고

모든 존재의 고로부터 해탈한다.

갈애와 집착으로부터 자유로우면 존재와 비존재로부터 해탈하며, 그것이 곧 열반이라고 선언한 것이다. 갈애와 집착으로부터 자유를 얻기 위해서는 존재의 실상을 '바로 보는' 지혜가 필요하다. 존재의 본질과 특성에 대한 바르고 철저한 궁극적인 통찰이 곧 '바로 보는' 것이다. 해탈과 열반으로 가는 길의 첫머리에 '바른 견해' 즉 지혜로운 통찰을 머리에 놓은 이유는 자명해진다.

"비구들이여, 괴로움을 통찰하고 괴로움의 발생을 통찰하고 괴로움의 소멸을 통찰하고 괴로움의 소멸로 가는 길을 통찰하는 것, 이것을 올바른 견해라고 부른다."(《디가 니까야 : 長部》)고 한 석가의 말에서 보듯 존재의 진실에 대한 깨달음만으로는 부족하다. 깨달은 이후 괴로움을 철저하게 소멸시키는 길을 찾아야 하고 그 길을 가야만 한다. 그것이 열반이고 '대자유(大自由)'인 것이다.

열반이 어디 따로 있는 것이 아니다. 동화 작가가 그리듯이 극락은 지도나 그림으로 그릴 수 있는 구체적 실재가 아니기 때문이다. 어딘가로 가고 있는 지금, 이 자리가 곧 열반이고 불국토인 것이다. 이것을 모르면 사람들은, 비록 많은 경전을 읽고 참선 수행의 이력을 지닌 사람이라도 자다가 남의 다리 긁듯 엉뚱한 곳에서 헤매게 된다.

수행자가 바른 견해를 갖기 위해서는 다음과 같이 바른 통찰이 필요하다.

# 열 여덟가지의 위대한 통찰(attharasa mahavipassana)

1. 수행자는 몸과 마음(五蘊)의 제현상(諸現象)에서 제행무상을 통찰(諸行無常觀)하여 영원성의 상념에서 벗어나며

2. 일체개고를 통찰(一切皆苦觀)하여 전도된 즐거움의 상념에서 벗어나며

3. 제법무아를 통찰(諸法無我觀)하여 자아의 상념에서 벗어나며

4. 싫음이나 혐오감을 통찰(厭離觀)하여 즐거움의 집착에서 벗어나며(잡아함경에서 '오온은 병이요, 가시오, 창살이요, 괴로움이요…… 라고 관찰한 것과 상통한다)

5. 이탐을 통찰(離貪觀)하여 욕망에서 벗어나며

6. 멸을 통찰하여(滅觀)시작이나 집(集)의 관념에서 벗어나며

7. 모든 얽매임에서 놓아버림(出離觀)을 통찰하여 얽매임(着)에서 벗어나며

8. 존재의 소멸을 통찰(盡滅觀)하여 개체가 존재한다는 상념에서 벗어나며

9. 붕괴되고 늙어감을 통찰(變壞觀)하여 획득하고 늙지 않으려는 관념에서 벗어나며

10. 현상의 변화됨을 통찰(變易觀)하여 현상의 고정성에 대한 상념에서 벗어나며

11. 모든 현상(諸相)에서 흔적 없음을 통찰하여(無相觀) 상(相)에서 벗어나며(諸相이 非相이면 卽見如來이다)

12. 마음의 묶임 없음을 통찰하여 마음의 묶임에서 벗어나며

13. 비어 있음을 통찰하여(空觀) 자아에 대한 사견(邪見)에서 벗어나며

14. 수준 높은 지혜의 상태(增上慧觀)를 계발하여 핵심영혼의 관념에서 벗어나며

15. 모든 존재의 참모습을 통찰하여(如實觀) 몰입의 집착에서 벗어나며

16. 모든 현상에 재난과 고난이 있음을 통찰하여(苦痛觀) 집착으로 이끌리는 그릇된

믿음에서 벗어나며

17. 반조(返照), 성찰관(省察觀)을 계발하여 무상에 대한 사려 깊지 못한 성찰을 거부하며

18. 생사윤회에서 벗어나는 길이 있음을 통찰(解脫觀)하여 윤회로 향하는 번뇌의 발생을 막는다. 〈淸淨道論〉

한 마디로, 오온에서 삼법인을 관찰하고 탐진치를 제거함으로써 해탈을 성취하라는 것이다.

## (2) 올바른 사유(正思)

'올바른 견해' 와 '올바른 사유' 는 동의어인 것처럼 보인다. 견해나 사유가 모두 '생각' 에 뿌리를 두고 있기 때문이다.

이에 대한 석가 자신의 설명을 들어보면 두 가지 '바른 길' 의 개념은 명확하게 다르다. 먼저 올바른 견해는 '괴로움에 대하여 알고, 괴로움의 소멸에 대하여 알고, 괴로움의 소멸에 이르는 길에 대하여 아는 것' 이다. 그리고 '올바른 사유' 는 '욕망을 여읜 사유, 분노를 여읜 사유, 폭력을 여읜 사유' 이다. 올바른 견해가 지혜의 내용이라면 올바른 사유는 바른 지혜에 이르기 위한 과정이며 자세이다. 당시의 사회적 습속에 대한 비판적 태도가 보이는 대목이다. 사유에 욕망이 실리거나 분노가 실리거나 폭력을 수반해서는 안 된다는 것이니 당시 인도의 수많은 수행 집단에 대한 석가의 평가가 숨어 있다.

바른 사유를 막는 장애 요소로서 석가가 대표적으로 든 것은 욕망과 분노와 폭력이었다.

가까운 곳에서 사례를 찾아보자.

2011년 8월 24일, 서울시에서는 초등학생을 대상으로 한 전면 무상급식 여부를 놓고 찬반 주민투표를 실시했다. 이날의 투표참가율은 25.7%로 주민투표의 충족요건인 33.3%에 미치지 못하여 투표함은 개함도 하지 못하고 말았다. 투표 후 사실상 패배한 여당에서는 "25.7%가 투표했으니 사실상 이긴 결과"라고 해석했고 야당에서는 "서울시민들이 반대했으니 시장은 당장 물러나라"고 압박했다. 같은 사안을 두고 여당과 야당 정치인들의 해석(생각)이 이처럼 정반대로 갈라지는 원인이 무엇일까? 어느 한쪽의 생각이 잘못되었거나 양편 모두의 생각이 잘못되었거나 둘 중의 하나일 것이 분명하다. 아니면 정치하는 사람들의 머리와 입에는 애당초 사유라는 기능이 없을 수도 있을 것이다. 권력을 잡아야겠다는 '욕망'이 모든 사유를 한 가닥으로 몰아가는 것이 정치이므로 정치적인 언사는 욕망 표출의 수단에 지나지 않는다는 것을 우리는 날마다 보고 들으면서 산다. 실로 세상을 뒤덮고 있는 공기는 이처럼 오탁한 것이다.

2010년 3월 26일, 서해 백령도 근해에서 대한민국 해군 PCC-772함(초계함, 천안함)이 격침되어 46명의 해군 장병이 사망 또는 실종됐다. 이 사실을 놓고 대한민국 정부는 조사 끝에 북한 인민군의 소행이라는 공식적인 결론을 내렸고, 북한과 남한 내의 북한 동조세력(심지어 제1야당

까지)은 정부의 판단에 의문을 제기하고 있다. 어찌 이 뿐이겠는가. 6·25 전쟁의 발발 원인을 놓고는 '남침설', '북침설', '남침유도설' 등 갖가지 설이 난무하여 지금도 두쪽으로 갈라져 있다. 한반도가 남북으로 분단된 상황이 계속되는 한 남북 양쪽에서 뻔한 거짓말로 주민들을 속이는 행위는 계속될 것이다.

좀 거친 예를 들었지만 개인이든 집단이든 사유에 욕망과 분노와 폭력이 끼어들면 절대로 올바른 사유를 할 수가 없고, 올바른 견해에 이르지도 못한다는 것이 석가의 경고이다. 올바른 견해가 없다는 것은 그릇된 생각이 오늘 남북한의 사회와 역사를 만들어가고 있다는 증좌이니 양심 있는 불자(佛子)들은 다 어디로 가버렸는지 딱하다. 백가쟁명을 이루고 있던 당시 사상계를 평정하고 큰 교단을 이끄는 스승 대접을 받고 싶은 것이 석가의 내면 욕구였다면 그의 가르침은 당시는 물론이고 2천 수 백 년이 지난 지금까지 살아서 생명력을 갖지는 못했을 것이다. 중생을 향한 대자비심, 연민과 사랑이라는 간절한 동기가 있었기에 일신의 영달과 호사를 버리고 철저하고도 궁극적인 사유를 할 수 있었던 것이다. '올바른 사유'란 도덕적이고 윤리적인 합목적성이 있어야 제대로 된 견해에 이른다는 가르침이다.

### (3) 올바른 언어(正語)

무엇이 올바른 언어인가? 석가는 '거짓말을 하지 않고(不妄語), 이간질을 하지 않고(不兩口), 욕지거리를 하지 않고(不惡語), 아첨하는 말을 하지 않으면(不綺語)' 그것을 올바른 언어라 했다.

어찌 보면 모든 종교적 사유는 본질적으로 '언어와의 전쟁' 이다. 특히 존재와 사물의 진실에 밀착하려는 불교의 명상과 수행이 그러하다. 노자(老子)의 도덕경 첫머리는 "道可道 非常道 名可名 非常名"(도라고 부를 수 있는 것은 도가 아니요, 이름 지을 수 있는 것은 실체가 아니다)으로 시작된다.

"언어는 정신의 얼굴" 이라 했던 세네카나 "모든 언어는 사원(寺院)이다. 사용하는 사람들의 혼이 거기에 안치되어 있기 때문" 이라 했던 홈스에 비해 철학자 비트겐슈타인은 "우리는 언어와 싸우고 있다. 우리는 언어와 교전(交戰) 중이다"고 하여 불교 수행자처럼 사물의 진실에 접근하기 위하여 언어와 싸우고 언어의 껍질을 벗겨내려는 비장한 투사의 의욕을 비치고 있다.

언어에는 개인과 사회의 경험(역사)이 녹아 있다. 사유의 경험도 물론 녹아들어 있다. 그러므로 언어는 본질적으로 추상된 것이다. 추상적인 언어로는 구체적인 존재의 진실에 닿을 수 없다. 한계가 있는 것이다. 불교의 여러 특징 가운데 불립문자(不立文字)가 있는 것도 그 때문이다. 아예 선종(禪宗)은 언어가 끊어진 그 자리를 출발점으로 삼는다.

그러나 8정도에서 석가가 말하는 언어는 진리를 에워싸고 있거나 왜곡시키는 언어의 해독을 말하려는 것이 아니라 공리적으로 잘못 사용된 언어가 얼마나 큰 해독을 끼치는가 하는 문제를 다룬다. 즉 철학적인 접근이 아니라 윤리적 접근이다.

제일 먼저 경계해야할 것은 '거짓말' 이다.

"여기 어떤 사람이 있다. 그는 친족들이 주시하는 가운데 대중이 모인 집회나 권력자 앞에 증인으로 끌려 나와 '네 이놈, 아는대로 말하라' 라고 위협적인 심문을 받을지라도 알지 못하는 일은 '알지 못한다' 고 대답하고 만약 안다면 '안다' 고 대답한다. 또 보지 못한 것은 '보지 못했다' 고 하고 본 것은 '보았다' 고 대답한다. 이와같이 그는 자신을 위해서나 남을 위해서나 사소한 이익을 위해 일부러 거짓말을 하지 않는다"

(《앙굿따라 니까야》)

거짓말의 폐해는 아무리 강조해도 모자란다. "한 가지 거짓말을 하기 위해서는 다른 거짓말을 스무가지나 지어내야 한다"(J. 스위프트)는 말이 있듯이 모든 죄악에는 양념처럼 거짓말이 수반된다. 따라서 거짓말은 그 자체가 죄악이기도 하지만 다른 죄악을 낳는 도구로 사용되기 때문에 더욱 경계의 대상이 된다. 석가도 그 점을 경계하고 있다. 그러나 거짓말을 하지 않고 살아가기가 보통 어려운 일이 아니다. 석가도 앞서 인용한 니까야에서 '사소한 이익을 위해 일부러 거짓말하지 않는다' 는 말로 어느 정도의 유예를 두었다. 예를 들어 여기 수 백, 수 천 명의 목숨이 달린 화급한 일이 벌어지고 있다고 하자. 사람들이 위험을 잘 모르고 움직이지 않을 때 거짓말로라도 군중을 움직이게 하여 살아나게 했다면 그 거짓말은 죄악일까, 아닐까? 제약회사에서 신약을 개발하면 인간을 상대로 임상시험이라는 것을 해야 한다. 이 때 흔히 사용하는 방법으로 시험 대상을 나누어 어떤 집단에게는 개발한 약을 주고 또 다른 집단에게는 무해무익한 물질을 '특효약'이라고 속여서 투약한다. 이를 '프라시보(僞藥) 효과'라 하는데 엉터리 약을 먹은 환자 중 일부도 병세가 크게 호전되는 경우가 드물지만 나타난다. 제약회사와 의사가 그에게 한 거짓말은 용서 받을 수 있을까? 사회가 복잡해지면서 이처럼 무엇이 거짓말이고 무엇이 참말인지 구분하는 것도 훨씬 어려워졌다. 이처럼 복잡하고 어려워질 줄 알았던 것처럼 석가는 거짓말에 약간의 유예를 주고 있다. '사소한 이익을 위하여 일부러' 거짓말하지 말라는 당부가 그것이다.

특히 수행자가 자신의 경계를 과장하거나 도반에 대해 거짓으로 폄하하는 등의 거짓말을 하는 것은 승단 전체를 망가뜨리는 독소와 같아서 용납되지 않는다.

그 다음으로 석가가 나쁜 말로 든 것은 중상하는 말, 즉 이간질하는 말이다. 세상에는 나쁜 말들이 얼마든지 있는데 석가가 하필이면 거짓말 다음으로 중상모략하는 말을 꼽은 것은 당시 이미 큰 교단으로 덩치가 부풀어 있던 제자들의 무리 중에서 벼라별 일들이 다 벌어지는 가운데 서로 헐뜯고 끌어내리려는 말의 폐해가 컸을 것으로 짐작된다. 중상하는 말을 양구(兩口)로 번역한 중국인들의 유머감각도 수준급이다. 우리 속담에도 '한 입으로 두 말 한다'는 말이 있듯이 스승 앞에서 하는 말과 돌아서서 저희들끼리 하는 말이 다르고 이 사람 앞에서는 저 사람 험구를 하고 저 사람 앞에서는 이 사람을 비방하면 조직이 흔들리고 와해되는 것은 시간문제다. 정말 가려내기 어려운 것은 많은 참말 속에 아주 조금 거짓말을 섞어서 하는 것이다. 조금 섞여 있어 가려내기가 어렵고 결국은 거짓이 노리는 목적대로 대상이 움직이기 때문에 이런 거짓말이 내놓고 하는 거짓말보다 더 나쁘다고도 한다.

거짓말과 중상하는 말 다음으로 석가가 하지 말아야 할 말로 꼽은 것은 '추악한 말' 다시 말해 더러운 말이었다. 착하게 자란 어린아이가 학교에 입학하더니 첫날부터 배워 온 말이 욕설이었다. 부모가 크게 놀란 것은 물론이다. 더러운 말일수록 전파하는 속도가 빠르다. 상스러운 욕설도 있고 특정한 사회(예를 들어 깡패 조직)의 은어나 비속어를 아무 거리낌없이 배워서 사용하는 경우도 있다. 거짓말이나 이간질처럼 사회 조직을 균열시키거나 파멸로 이끌 정도로 폐해가 크지는 않지만 듣는 사람의 마음을 다치게 하고 자신의 마음을 병들게 하는 것이므로 웬만하면 좋은 말을 골라서 쓰는 버릇을 들이라고 석가는 권한다.

석가의 삼촌 아미따에게 아들이 있었는데 그 아들 띳싸가 출가하여 석가 문중에 있었다. 그는 왕족이었다는 신분을 내세워 보통 수행자들을 멸시하고 화를 잘 내고 남의 가슴에 못을 박는 말을 거리낌없이 뱉아내는 성격이었다. 그 때문에 사문들은 그와 가까이 하기를 꺼리고 그의 수행자답지 않은 태도를 빈정거리며 욕을 했다. 그러자 속이 상한 띳싸가 눈물을 흘리며 석가에게 하소연했다.

"세존이시여. 모든 수행승들이 저에게 '당신의 말은 상냥하지도 않고 대화하기에 부적절하다' 면서 저를 조롱하고 빈정거립니다."

이에 석가가 말했다.

"띳싸여, 대화를 할 때 상냥한 태도로 좋은 말을 사용하지 않는 것은 양가의 자제로서 믿음을 지니고 집에서 집 없는 곳으로 출가한 자에게 어울리지 않는다. 띳싸여, 대화를 할 때는 상냥한 태도로 좋은 말을 골라서 하는 것이 양가의 자제로서 믿음을 지니고 집에서 집 없는 곳으로 출가한 자에게 어울리는 것이다."

기껏 도를 이루기 위해 출가해놓고 출가자의 신분에 어울리지 않는 태도와 말을 버리지 않는다면 어렵게 출가한 보람이 없지 않느냐? 조카에게 그런 정도로 설득하고 있는 석가의 난처한 모습이 눈에 들어온다.

마지막으로 하지 말아야 할 말로 석가가 꼽은 것은 쓸데없는 말이었다. 아무 의미도 효용도 없이 그저 지껄이기 위해 지껄이는 말이 있다. 수행자들은 그런 말을 하지말라고 석가는 당부했다. 석가의 말은 거의 대부분이 그를 따르는 대중들 앞에서 한 말이었다. 그를 따르는 대중들에는 가끔 왕이나 권력자 집단, 또는 상인이나 부호들과 그 가족들도 있었으나 대부분은 수행자들이었다. 따라서 가르침의 내용이 재가 신도들의 입장에서 그들에게 어울리는 처방을 내놓은 것이 아니라 수행자와 수행집단을 향하여 하는 말들이었다. 그렇게 새겨들어야 한다.

'쓸데없는 말' 이 무엇인지 확인하려면 술집에 가 보면 된다. 남자와 여자 모두 사정은 비슷하다. 직장 이야기, 군대 이야기, 정치 이야기, 연예인 이야기…… 정말이지 쓰레기 같은 이야기들을 싫증도 내지 않고 반복해서 하고 또 하는 모습은 연민을 느끼게 한다. 술자리 아닌 수행자들의 집단 내부에도 이런 사람들이 있기 마련이다. 진심이 조금도 담기지 않은 빈 그릇 같은 말들, 진리에 대한 애정도 열정도 없는 허황한 말재주 부림, 보통 사람들도 종일 자신이 했던 말을 한 번 주워 담아 내용물을 살펴 볼 필요가 있다. 아마 대부분은 그냥 쓰레기통에 넣어버려도 좋은 말일 것이다.

이상과 같이 석가가 해서는 안 될 말들로 꼽은 것들은 대부분 사람들이 모여 사는 수행집단의 원활한 삶을 해칠 우려가 있는 것들이다. 반대로 다른 사람을 위하고 자신의 사고와 행동을 고결하게 유지하기 위해서도 신중하고 품위 있는 말을 요구하고 있는 것이다. 그렇게 하는 것이 자신의 향상에 도움이 되기 때문이다.


## (4) 올바른 행위(正業)

행위를 올바르게 하려면 올바른 견해와 올바른 언어의 사용은 필수적인 선행요소다. 실제로 올바른 견해를 가진 사람은 8정도의 나머지 항목들은 저절로 행하게 된다고 보아야 한다. 때문에 올바른 견해는 수행자의 덕목 중 주춧돌과 같다.

석가의 설명에 따르면 올바른 행위란 '살아 있는 생명을 죽이지 않고, 주지 않는 것을 뺏지 않고, 청정하지 못한 삶을 살지 않는' 것이다. 올바른 행위의 덕목을 나열하자면 수를 헤아리기 어렵겠지만 그 중에서 석가는 "살생하지 말 것', '남의 것을 훔치거나 빼앗지 말 것', 그리고 '청정하게 살 것'의 세 가지를 요구하고 있다.

마음과 행위는 밀접한 관계를 가지고 있다. "인간의 행위는 사고(思考)의 최상의 통역자"(존 로크)라거나 "인간의 행위는 다음 일곱 개 원인 중 하나 또는 둘 이상에 의존하여 발생한다. 기회, 본능, 강제, 습관, 이성, 정열, 희망이 그것이다."(아리스토텔레스)는 말에서도 나타나는 것 같이 행동은 내적인 사고의 외부적, 신체적 표현이다. 그러나 가끔 말은 비단 같은데 행위는 그렇지 못한 사람이 있다. 이런 사람의 경우 말은 버리고 행위로서 판단해야 한다. 말은 생각과 함께 발생하지만 행위는 생각 위에 인격과 지혜와 경험과 의지가 결합하여 최종적으로 나타나는 것이기 때문이다.

아리스토텔레스의 분석처럼 인간의 모든 행위에는 원인, 즉 내적 동기가 있다. 이 동기는 정신적인 것이며, 또한 윤리적인 것이다.

생명을 죽이지 않는다(不殺生)는 것은 5계(五戒) 중의 으뜸 계율이다. 이는 단순히 모든 살아 있는 것의 존엄성을 지키려는 윤리적 판단에만 근거를 둔 것은 아니다. 불교에서는 인간의 생명과 들짐승의 생명 사이에 큰 차별을 두지 않는다. 윤회사상에 의하여 생전에 지은 업에 따라 내생에 다른 축생의 생명을 받아 태어나는 수도 있다는 등의 속설 때문만도 아니다. 오늘 내 몸을 형성하고 있던 물질과 정신의 에너지가 내일은 또 다른 생명을 형성하게 된다. 생명의 순환에 대한 이같은 불교(정확하게 말하면 석가의 판단)의 해석은 현대 물리학에서도 질량불변의 법칙을 통하여 입증되고 있다. 그러므로 인간의 생명이 소중한 것처럼 다른 생명도 소중하다는 것이다. 창조주가 세상을 만들면서 땅과 하늘, 물에 사는 모든 생명체를 인간에게 맡기고 "지배하라"고 선언했다는 서양의 대표적인 종교에서 말하는 생명 존중과는 근본이 다르다. 불교에서는 생명에 차별을 두지 않기 때문에(평등) 남의 생명을 빼앗아 내 생명을 연장시키려는 의도를 부정한다. 출가 스님들이 받는 사미계(沙彌戒)와 비구계(比丘戒)에도 어김없이 불살생의 계율이 들어 있다. 직접 살생하지는 않았으나 살생으로 얻은 고기를 먹는 행위도 살생을 방조 내지 조장한 행위로 간주하여 고기를 먹지 않도록 하고 있다. 이 중요한 계율은 현대에 와서 많이 퇴색해 가고 있는 중이어서 조만간 사문화 될 가능성도 있다. 그러나 불살생계가 소멸하지는 않을 것이다. 모든 계율의 으뜸인 불살생계를 파하는 것은 3학의 한 기둥인 계 자체를 부정하게 될 것이며 이를 함부로 사문화시켜서는 불교 자체가 위기를 맞게 될 것이므로 그런 미련한 짓은 하지 않는 것이 좋다.

살생이라면 '모든 생명 가진 것을 죽이는 행위'로서 원래는 동물과 식물을 구분하지 않았다. 그러나 동물과 달리 식물은 고통을 느끼는 감각 기관이 분명치 않으므로 식물을 음식물로 섭취하면서 죄의식에 끄달리지 않게 되었다. 현대에 와서 수행자를 둘러싼 환경이 변화하면서 옛날처럼 고기를 먹지 않고 계율을 지키는 생활을 유지하기가 한층 어려워진 것만은 사실이다. 따라서 고기를 먹는 수행자들(스님들)이 많이 늘어난 것도 사실이고 이런 행위에 대한 경계심이 많이 희석된 것도 사실이다. 그러나 모든 생명 있는 것들을 평등하게 보고 함부로 죽이거나 죽인 것을 음식물로 섭취하는 행위는 금기로 해야한다는 의식이 아직도 불교 교단의 전면으로 흐르는 주류이고 실제로 산사나 여항의 포교원이거나 절집에서는 얼마 전까지 생명이 있어 활동하던 동물을 음식으로 올리지 않는 관습이 지켜지고 있는 것은 다행스러운 일이다. 다만 "눈치가 있어야 절에 가서도 새우젓을 얻어 먹는다"는 속담대로 은밀하게 행해지는 '살생의 결과물을 음식공양하기'에 대해서는 그것을 제공하는 사람이나 먹는 사람 모두 지각 없는 일부에 지나지 않는 것으로 보인다.

계, 정, 혜의 3학에서 계를 머리에 올려놓은 이유는 간단하고 명료하다. 세가 없으면(지켜지지 않으면) 정도 없고, 혜도 없기 때문이다. 계 중에서도 불살생계를 으뜸 자리에 두는 까닭도 분명하다. 다른 생명을 내 생명의 유지를 위해 희생시키지 않겠다는 마음은 불교만이 지닌 대자비의 출발점이자 귀착점이기 때문이다.

다른 사람의 생명을 살해하는 것은 '살생'이라 하여 금기로 삼는다면 내 생명을 스스로 죽이는 자살은 괜찮은가? 생명 속에 근본으로 자아가 없다면 지금 여기 이 생명도 '내 것'이라고 할 근거가 없다. 내 것도 아닌 것을 내 것처럼 살생할 권리는 없다. 따라서 자살은 타인을 살해하는 살인죄와 마찬가지의 업보를 받는다.

근래 보도 매체를 통하여 일상처럼 빈번하게 접하는 일들이 존속살해, 영유아 살해, 그리고 좀 더 나아가 불특정 대상에 대한 '이유 없는 살인'까지 등장하여 "이게 말세의 징조 아니냐"는 말까지 나오고 있으나 비교적 기록이 충실했던 조선시대에도 오늘날과 비슷한 패륜은 빈번하게 발생하여 식자들을 한탄케 했고, 공자시대에도 이미 '말세'라는 말이 있었으며 더구나 석가 생존시에도 인간세상에서 일어날 법한 일들은 모두 발생하여 석가 세존에게 지혜로운 판단을 구하러 오는 사람들이 줄을 이었었다. 초기 경전의 상당 부분이 이런 '말세적 현상'에 대한 부처님의 처방과 치유를 요구하는 일들로 채워지고 있다. 따라서 우리는 말세가 언제냐 하는 따위의 일에 마음을 기울이고 노스트라다무스의 예언서에 귀를 기울이거나 정감록과 같은 해묵은 참서(讖書)를 옆구리에 끼고 미륵의 하생을 기다릴 것이 아니라 그런 살생의 무도한 행위들이 인간 내부에 자리 틀고 있는 무명과 무지에서 비롯된 것임을 자각할 필요가 있을 것이다. 근본 진단이 잘못되면 그 다음에 오는 각종 시술과 처방이 소용없고 백약이 무효이기 때문이다.

올바른 행위로서 석가가 불살생 다음으로 중요하다고 꼽은 것은 '주어지지 않은 것을 빼앗는 행위를 하지 말라(不偸盜)', 한 마디로 해서 도둑질하지 말라이다. 도둑질에도 여러 유형이 있어 오늘날 형법의 조항을 번잡하게 해놓고 있거니와 사기를 쳐서 남의 물건을 내 것으로 돌려놓는 행위, 저울 눈금을 속여 소비자의 등을 쳐먹는 행위도 널리 보아 도둑질의 한 유형이다. 사유재산을 인정하느냐 마느냐의 논쟁을 떠나서 인간은 어느 사회에서나 최소한의 '내 것'을 지니고 있다. 그 중에는 마누라, 자식까지 '내 것'의 테두리에 넣는 경우도 있다. 이런 것을 타인에 의하여 강탈당했을 때 사람들이 일일이 대응하여 지키기 위한 전투를 벌인다면 세상은 글자 그대로 '만인의 만인에 대한 투쟁'의 장으로 변하고 말 것이다. 그것을 방지하기 위하여 법과 제도를 만들고 형사처벌의 준칙을 정해놓고 있으나 그에 앞서 도둑질이 왜 나쁜가 하는 근본 지혜를 심어주는 것이 보다 현명한 도리일 것이다. 도둑질은 어떤 경우의 도둑질이건 그 동기는 탐욕에서 시작된다. 탐욕은 남의 물건에 대한 탐욕도 있지만 남의 배우자에 대한 탐욕도 물건에 대한 탐욕 못지않은 커다란 죄업을 부른다. 죄가 무엇이며 업이 또한 무엇인가 하는 문제는 여기서 논의하기에는 너무나 무거운 주제이기 때문에 다른 기회를 보아야 할 것이다.

한 가지 중요한 것이 있다. 죄와 업이 스스로 만드는 것이든 외부적인 자극으로 주어지는 것이든 상관없이 그것은 내 존재를 갉아먹는 치명적인 병균이라는 사실이다. 도둑질을 하고도 들키지 않아 감옥살이를 하지 않고 태연히 활보하며 사는 사람들은 의외로 많다. 그렇다고 해서 그들 내부에서 일어나는 고통마저 사라지는 것은 아닐 것이다. 즉 죄업은 외부적인 징벌 이전에 내적으로 먼저 징벌 받게 돼 있으며 모든 인간에게 예외는 없다. 여기서 한 발 더 나아가 남의 것을 훔치지 않고 내 것을 지킬 뿐 아니라 내가 지닌 작은 것이라도 남과 함께 향유케 하려는 보시(布施 : Dana)의 정신을 발휘한다면 그 선업(善業)에 대한 보상은 당연히 행복감으로 되돌아 오게 돼 있다.

거짓말과 도둑질에 이어 석가가 '올바른 행위(正業)'로 꼽은 마지막 덕목은 청정한 삶(淸淨行)이다. 청정하다는 것은 더럽다의 반대말이다. 사람이 수행자이건 재가자이건 몸과 마음을 더럽힐 수 있는 가장 큰 유혹은 애욕이다. 석가도 여러 자리에서 이 점을 거듭 강조하고 있다. 늙었거나 젊었거나 아름다운 이성의 육체에 대한 욕망은 타오르는 불꽃과 같아서 웬만한 사람이면 그 불에 타죽기 십상일 정도로 물리치기 어려운 욕구이다. 이것을 이겨내지 못하면 어떤 수행도 이루지 못한다는 것이 석가의 진단이었다.

전에 서옹(西翁)스님이 조계종 종정을 할 때 필자가 한 번 찾아가 이 문제를 조심스럽게 꺼낸 일이 있었다.

"스님, 정확한 통계는 아니지만 항간에는 비구계를 받은 스님들 중 절반 가량이 은처(隱妻)를 두고 있다고 하여 세상 사람들의 비웃음거리가 되고 있습니다. 소문이 어느 정도만 사실이라 하더라도 우선 본인들의 수행에 장애물이 될 것이고 불자들을 속이는 행위이니 불법을 훼손하는 마구니가 될 것입니다. 하여 이러면 어떨까요. 아예 은처 문제를 공론화하고 인정하여 그 문제로 스님들이 자신과 신자를 아울러 속이는 이중의 죄업을 짓지 않도록 하는 것이 어떻겠느냐 하는 것입니다. 지금 세상은 아무리 스님이라 하더라도 음욕을 참고 살기 어려울 정도로 개방되었습니다. 나가 보십시오. 여자들이 거의 벌거벗고 거리를 노다니고 있습니다. 부처님 재세시에는 이러지 않았거든요."

그러자 노스님은 벌컥 화를 냈다.

"그게 참기 어려우면 중 옷 벗고 나가 살라고 해요. 계율은 계율이고 지켜야 합니다. 청정하지 않으면 열반에 이르지 못하니 중노릇할 필요가 없습니다."

음욕을 참기 어려우면 중 옷 벗고 나가서 살아라, 누가 억지로 붙잡느냐, 그러나 중이 되려면 수행자답게 청정하게 살아라, 아니면 불도를 이루지 못한다, 그런 뜻이었다. 서옹스님의 그 말은 옳았다. 시대가 변하고 환경이 변한다 하여 계율마저 변하는 시대의 흐름에 따라 뜯어고친다면 불법도 아울러 훼손되고 말 것이다.

### (5) 올바른 생활(正命)

'올바른 생활'은 다른 말로 올바른 직업이다. 직업이 생활의 전부는 아니지만 두 가지가 직결되어 있기 때문에 우리말로 번역할 때 부족한 대로 '올바른 생활'이라 한 것이다. 먼저 석가의 정의를 들어보자.

석가는 '세상에 살면서도 잘못된 생활을 버리고 올바른 생활로 생계를 꾸려간다면' 그것을 올바른 생활이라고 했다. 8정도의 다른 항목에 비하여 정의가 포괄적이고 경계가 뚜렷하지 않아 종잡기 힘든 말로 표현하고 있다. 그러나 생계 유지를 위한 생활, 즉 직업이 아무리 목구멍이 포도청이라 해도 막가는 직업, 사회적으로 유해한 직업, 도덕적으로 지탄 받는 직업은 불제자로서 가져서는 안 된다는 것을 분명하게 밝혀주고 있다. 기독교에서는 예수가 활동하던 당시 세리(稅吏)들에 대한 편견에 가까운 증오심과 비판의 목소리를 자주 내고 있는데 이는 아마 당시 세무 공무원들의 횡포가 커서 일반 국민들의 원성이 높았기 때문이었던 것으로 보인다. 상대적으로 창녀들에 대한 예수의 태도는 부드러웠다. 간통한 여인을 놓고 "누구 죄 없는 자가 이 여인을 돌로 쳐라"고 하여 둘러섰던 무리들을 도망가게 했다는 일화는 감동적이다. 석가는 특별히

미워한 직업군이나 연민으로 대했던 직업군이 따로 없었으나 불자로서
피해야 할 일(직업)로서 무기 판매, 생명 거래, 고기 판매, 술장사, 독극
물 판매 등을 꼽고 있다.

　무기는 살생의 도구이기 때문에 이를 판매하여 이익을 챙기는 것을 죄
악으로 보았다. 오늘날 국제적으로 무기를 판매하는 조직은 매우 강대
하여 한 나라가 국지전이나 전면전을 일으키도록 작용할 수도 있고, 무
기 거래를 위해 막후에서 활동하는 브로커들도 많은 것으로 알려져 있
다. 대한민국은 다행히도 무기의 개인 소지를 금하고 있기 때문에 총포
장사가 문제 되지는 않고 있으나 범죄에 사용될 줄 알면서도 흉기를 제
작하거나 판매하여 이익을 올리는 사람들, 거기서 얻은 이익으로 아이
들 기르고 공부시키는 졸부들은 많다. 그런 사업을 하면서 열반에 이르
고 해탈을 얻기는 어렵다는 것이 석가의 말이다.

　생명, 특히 인간의 생명은 고귀한 것이어서 사고 파는 거래의 대상이
될 수 없다. 매음과 매춘, 그리고 노예의 매매는 인간 거래의 대표적인
경우이다. 노예를 사고 팔아서도 안 되지만 노예를 부려서도 안 되는 것
이다. 평등한 사회의 실천, 극단적인 계급사회이던 고대 인도에서 차별
없는 평등사회를 지향하는 것은 그 자체가 혁명적이었다. 이처럼 혁명
적인 메시지를 전파하고 있던 석가가 당시의 왕족이나 귀족 같은 지배
계급의 공격을 받아 목숨이 위태로울 수도 있었을 텐데 석가를 암살하
려는 무리들이 많지는 않았고 성공한 사례도 없었다. 불교가 강한 평등
의 메시지를 담고 있으면서도 왕권 자체를 부정하거나 귀족의 지위를

부정하도록 사주하는 일은 없었기 때문이었다. 그 대신 거역할 수 없는 보편적인 도덕관을 갖추고 있었다. 석가는 정치적인 인물은 아니었다.

고기를 파는 직업도 청정한 삶을 해치는 것으로 보았다. 석가가 요즘의 대한민국에서 활동했다면 어땠을까. 푸줏간, 정육점 말고도 고기를 사용하여 음식을 만들어 파는 상인의 수와 그 가족들의 수가 정확하게 얼마나 되는지 통계조차 내기 어려운데 그 직업 모두를 "청정하지 못하다"고 부정해 버리면 많은 사람들이 불자이기를 포기할지도 모른다.

술장사는 예부터 '물장사'라 하여 옳지 못한 장사 중의 하나로 꼽혀 왔다. 전통적으로 '물장사' 속에는 차를 파는 다방도 포함되었다. 술이라는 음식이 정신을 망가뜨릴 뿐 아니라 범죄를 유발하는 원인이 되기도 하므로 물장사는 안하는 것이 좋다는 것이 석가의 판단이었다.

매음과 매춘은 말할 나위가 없다. 매춘을 최근에는 매매춘(賣買春)이라 하는데 성욕을 채우기 위하여 이성을 사고 파는 행위 모두 대한민국에서는 공권력에 의하여 처벌되고 있다. 삿된 성교를 하지 말라는 뜻으로 석가는 불사음(不邪淫)을 5계의 하나로 꼽았다.

독극물의 판매에 종사하는 사람은 많지 않다. 이것은 사람이나 동물들에게 치명적인 위해를 가하므로 그런 물질을 판매하는 것은 간접살인에 해당한다고 보았다. 마약을 판매하는 것도 독극물 판매업의 일종이다. 인간의 정신을 파괴하는 것은 인간이기를 포기하게 하는 행위이므로 살인이나 마찬가지로 죄질이 나쁜 일이다. 하물며 그런 일을 직업으로 삼아야겠는가.

그 외에도 석가는 다른 사람을 속여서 물건을 파는 행위, 고리대부업, 그리고 눈에 보이지 않는 기(氣)를 팔아 먹고 사는 각종 참술(讖術)에 대해서도 도둑질이나 마찬가지의 무게를 지닌 죄업으로 보았다. 어리석은 중생들을 상대로 벌이는 혹세무민(惑世誣民)의 요설들은 '사람의 할 짓이 아니다'고 보았다.

그럼 왜 청정한 생활을 해야만 하는가? 그 이유를 석가는 다음과 같이 밝히고 있다.

여러 명의 수행승들이 세존을 찾아가 물었다.

"세존이시여, 이교도의 유행자(遊行者)들이 우리에게 '벗들이여, 수행자 고다마 아래에서 영위되는 청정한 삶은 대체 무엇을 위한 것인가?'라는 질문을 받고 저희들은 그 이교도의 유행자들에게 '벗들이여, 세존 아래에서 영위되는 청정한 삶은 괴로움을 완전히 알기 위함이다'라고 대답했습니다. 저희들이 이와같은 질문을 받았을 때 이와같이 대답을 하면 세존께서 말씀하신대로 말한 것이고, 잘못 말한 것이 아닌지, 혹시 저희들의 말이 비판의 근거를 제공한 것은 아닌지요?"

그러자 세존께서 말씀하셨다.

"수행승들이여, 그대들이 대답한 것은 내가 말한 그대로이고 진실이 아닌 것으로 잘못 답변한 것이 아니며, 가르침에 일치하게 설명한 것이고 그대들의 주장은 비판의 근거를 제공한 것도 아니다. 왜냐하면 수행승들이여, 그대들이 내 아래에서 청정하게 사는 것은 괴로움을 완전히 알기 위한 것이기 때문이다. 만약 이교도들이 나아가 '그러면 벗이여, 그 괴로움을 완전히 알기 위한 길이 있고 방법이 있는가?' 하고 물어온다면 그렇다고 대답하라. 그것은 바로 여덟가지의 고귀한 길이다. 곧 올바른 견해, 올바른 사유, 올바른 언어, 올바른 행위, 올바른 생활, 올바른 정진, 올바른 새김, 올바른 집중이다. 수행승들이여, 이것이야말로 괴로움을 완전히 알기 위한 길이고 방법이다."

(《상윳다 니까야》)

청정한 삶은 괴로움을 완전히 알기 위한 길이며 방법이라고 했다. 괴로움을 완전히 아는 것이란 올바른 견해를 갖는 것이다. 결국 올바른 견해를 위하여 참고 견디며 엄격하게 계율을 지키며 수행해야 한다는 것이다.

## 6. 올바른 정진(正精進)

성불하겠다는 큰 원을 세우고 흐트러짐이 없이 계속 나아가는 것이 정진이다. 석가는 '아직 생겨나지 않은 악하고 나쁜 상태가 생겨나지 않도록 노력하고 힘을 고취하고 마음을 다잡고, 정근하는 것' 을 정진이라 했다. 수행자의 길에 나선 사람에게는 형용하기 어려운 장애물들이 등장한다. 누가 밖에서 강제하는 것이 아니라 자신의 내부에서 일어나는 욕망이 가장 큰 장애물이다. 탐, 진, 치 3독이 그야말로 독소처럼 잠시만 방일해도 틈을 주지 않고 수행자를 거꾸러뜨린다.

수행자도 사람이다. 사람이기 때문에 탐진치의 3독을 품고 있다. 젊은 이성이 보이면 안아보고 싶은 마음이 일어나는 것은 인간으로서 당연한 일이다. 그러나 그것을 이겨내고 극복해야만 '괴로움을 완전히 아는'

경지에 도달한다. 완전히 알고 소멸시키고 열반에 이르러야 한다.

정진의 요체는 나쁜 상태(不善法)는 지양하고 좋은 상태(善法)를 실현시키는 것이다. 이를 위해 4정근(四正勤)이 있다. 4념처(四念處) 다음으로 닦는 것으로 첫째 이미 생긴 악을 멀리하기 위해 부지런히 수행하는 것, 둘째, 아직 생기지 않은 악이 생기지 않도록 예방 차원에서 부지런히 수행하는 것, 셋째, 이미 생긴 선을 더 확장시키려고 노력하는 것, 넷째, 아직 생기지 않은 선을 생기도록 노력하는 것이다. 4정근을 한 마디로 하면 선업은 확장하고 악업은 막거나 소멸시키라는 것이다.

수행자의 정진을 막는 요소들 중에서 가장 큰 장애물 다섯 가지가 있다. 첫째는 다섯 가지 감각과 그 대상의 접촉에서 발생하는 오욕락(五欲樂), 즉 감각적 쾌락이고 둘째는 분노하는 마음이며, 셋째는 해태(懈怠)와 혼침(昏沈)이며 넷째는 흥분과 회한이고 다섯째는 끝없이 솟아나는 의심이다. 인간이 지닌 다섯 가지의 감각은 안이비설신(眼耳鼻舌身)이고 그 대상은 색성향미촉(色聲香味觸)이다. 감각에 더하여 의(意)의 작용이 있고 그 대상은 식(識)이다. 여섯 감각과 여섯 대상이 교합하여 기억을 낳고 연상을 낳고 이성과 감성을 낳는다. 그리고 자아라는 주체의식을 낳는다. 여기서 탐욕과 분노와 어리석음이 일어난다. 의식은 왜곡되어 존재하지 않는 환상을 추구하게 된다. 그 바탕은 욕망이며 욕망의 바탕은 그릇된 자아의식이고 그릇된 자아의식의 바탕은 감각기관이 대상과 교합하여 빚어낸 환각이다. 이 감각을 제어해야만 계속 앞으로 나아갈 수 있다. 만약 그곳에 함몰되면 오욕락에 빠져 수행을 포기하게 된다.

감각기관이 빚어낸 허상을 어떻게 제어하는가? 우선 감각기관에서 일어나는 일을 냉정하게 바라볼 수 있어야 한다. 이른바 '마음 챙김'이라고도 하고 위빠사나라고도 한다. 이는 석가시대의 선 수행법이라고 불러도 좋을 것이다. 선(禪)을 중국불교가 낳은 독창적인 수행방법으로 정의할 때는 석가의 명상법은 그냥 위빠사나명상법으로 부르는 것이 옳다. 석가가 인류 최초로 미답의 진리에 도달하게 한 바로 그 명상법이다. 일부 선종, 특히 간화선을 최상승의 선법으로 추앙하는 사람들은 석가의 명상법을 여래선(如來禪)이라 하여 조사선(祖師禪)보다 한 수 아래의 열등한 경지로 보는 경우도 있으나 이는 잘못된 편견이거나 무지에서 오는 자만이다. 석가가 부처가 된 것은 간화선을 통해서도 아니고 묵조선을 통해서도 아니며 오직 고행과 명상을 통해서였다.

감각기능을 제어하는 것과 함께 감각이 빚어낸 허상들을 바로 보고 이를 소멸시키는 방법도 중요하다. '이미 생겨난 나쁜 상태들을 제거하고 소멸시킨다'는 것은 이를 두고 하는 말이다. 앞으로 일어날 가능성이 있는 악을 예방하기 위하여 노력도 해야 하지만 이미 일어난 악은 몰아내고 소멸시키는 것이 중요하다. 그렇지 아니하고 일시적으로 눌러놓은 것은 언젠가 다시 그 중력을 뚫고 소생하기 마련이다. 한 여자에 대한 절절한 그리움은 욕망을 억제하기 위한 노력으로 일시적으로 감추어놓기는 하지만 그 여자가 다시 눈앞에 나타날 때는 걷잡을 수 없는 완력으로 나를 사로잡아 타오르는 탄트라의 불길 속으로 밀어넣기 마련이다. 이런 때 의연하게 청정심을 잃지 않기 위해서는 피나는 수행이 필요하다.

청정한 삶은 그냥 주어지는 것은 아니다. 피를 철철 흘리는 내면의 싸움에서 이긴 자에게만 주어지는 값진 보상이다.

버리고 소멸시키는 일에 대해 석가는 다음과 같이 가르쳤다.

"이미 생겨난 감각적 쾌락의 욕망에 대한 사유들, 이미 생겨난 분노에 대한 사유들, 이미 생겨난 폭력적인 사유들의 악하고 나쁜 상태를 그대로 수용하지 아니하고 파괴하고 소멸시켜야 한다." (앙굿따라 니까야)

이어서 석가는 아름답고 좋은 상태의 확장을 위해 "그것을 숙고하고 마침내 좋다, 아름답다는 의식마저 몰아내야만 한다"고 가르쳤다. 양변을 모두 지양하는 중도의 설법이다. 석가가 가르친 정진의 방법은 첫째 제어하고, 둘째 소멸시키고 셋째 수행하는 것이었다. 제어와 소멸도 수행의 방법 중 하나인데 별도로 수행을 통한 정진을 요구하는 까닭은 제어와 소멸이 모두 악한 상태, 즉 바람직하지 않은 상태를 마음 속에서 컨트롤하거나 파괴하는 등의 수행인데 비하여 별도로 수행을 통한 정진에서는 바람직한 상태 즉 선한 상태를 일으키고 확장하기 위하여 노력해야한다는 점에서 구별된다. 선한 상태를 발생시키고 확장시키는 노력을 하면 반대급부로 악한 상태가 소멸하거나 발생하지 않는 성과를 얻을수 있다. 사찰에서는 석가가 제시한 올바른 길을 구체화하여 각종 수행 프로그램을 만들고 실행하고 있으나 그 근거는 여기서 살펴본 석가의 지침이다.

"수행승들이여, 무엇이 수행에 의한 노력인가? 이 세상에서 수행승은 멀리 떠남을 바탕으로 삼고, 사라지고 소멸시키는 것에 바탕을 두며, 버리되 완전하고 철저하게 버려 열반으로 회향하는 수행, 탐구하여 깨달음에 이르는 수행, 정진하여 깨달음에 이르는 수행, 희열의 깨달음 수행, 안온의 깨달음 수행, 평정의 깨달음 수행을 실천한다."

멀리 떠나고 사라지고 소멸시키며 완전히 버림으로써 열반으로 회향하는 노력, 그것을 일러 수행이라 한다고 했다. 수행자의 수행은 이처럼 철저한 자기 죽이기를 통해서만 설자리를 갖는 것이니 보통 사람들의 적당한 마음가짐으로는 감당하기 어려운 경지라 하겠다. 그러므로 불교는 근본적으로 수행의 종교다. 수행 없는 믿음의 행위는 불완전한 믿음에 지나지 않는 것이다.

출가한 스님들이야 그런 시스템이 잘 갖추어진 절에서 수행하면 그만이지만 재가 신도로서 발심하여 수행을 통한 열반에 이르고자 하는 사람들은 어떻게 해야 하나? 이를 위해 불교 종단들은 더 충실한 수행 프로그램을 개발하여 일반 신도들의 참여를 유도하고 수행이 출가자만의 특권처럼 인식되고 있는 지금의 체제를 근본적으로 개선해야 할 것이다. 예를 들어 지난해부터 개관한 충남 공주의 마곡사 뒤편 한국전통불교문화원이 재가신도의 참선 프로그램을 운영하여 이 분야에 갈증을 느끼고 있던 재가불자들의 호응을 얻고 있으나 그 방법이 간화선에 한정돼 있는데다 간화선조차 고답적이고 형식적이어서 참선의 열매를 얻지 못하여 불만스럽다는 평가도 나오고 있다.

거듭 강조하지만 불법은 출가자만 향유하는 특권층의 진리가 아니다. 수행 또한 마찬가지다. 따라서 불교 종단들은 기존의 좁은 틀을 깨고 폭넓게 수행 프로그램을 접할 수 있는 노력을 해 주기를 바라는 마음 간절하다. 비록 초기에는 참여하는 사람들이 많지 않아 적자를 보더라도 인내심을 가지고 계속 수행의 방법을 연구하고 개방하여 많은 참여를 유도해 주기 바라는 것이다.

### (7). 올바른 새김(正念)

새김(念)은 수행에 이어 본격적인 수행법의 실천으로 들어가는 것을 의미한다. 그 방법은 사념처(四念處) 수행이다. 석가는 그것을 이렇게 정의한다.

첫째, 열심히 노력하고, 분명하게 알아채고, 새김을 확립하고, 탐욕과 근심을 제거하면서, 몸에 대해 몸을 관찰하고(身隨觀),

둘째, 열심히 노력하고, 분명하게 알아채고, 새김을 확립하고, 탐욕과 근심을 제거하면서, 느낌에 대해 느낌을 관찰하고(受隨觀),

셋째, 열심히 노력하고, 분명하게 알아채고, 새김을 확립하고, 탐욕과 근심을 제거하면서, 마음에 대해 마음을 관찰하고(心隨觀),

넷째, 열심히 노력하고, 분명하게 알아채고, 새김을 확립하고, 탐욕과 근심을 제거하고, 사실에 대해 사실을 관찰한다(法隨觀).

〈대염처경(大念處經)〉에서 석가는 "중생의 정화를 위하고, 슬픔을 건너고, 괴로움을 소멸하고 진리를 얻고, 열반을 증득하기 위한 유일한 길이 사념처이다"고 말했다. 사념처는 (1) 우리 몸이 부정하다고 관(觀)하는 신념처(身念處), (2)우리의 마음이 고라고 관하는 수념처(受念處) (3) 우리의 마음은 상주불변하는 것이 아니라 생멸무상하다고 관하는 심념처(心念處), (4) 모든 존재에는 자아인 실체가 없으며 무아 무상하다고 관하는 법념처(法念處)를 가리킨다. 이상 신수심법의 네 가지를 관하되, 마음챙김, 마음 알아차림, 마음 집중 등으로 부르는 위빠사나 수행법으로 해탈에 이르는 길을 제시한다. 석가가 바로 이 수행법으로 무상정등각을 성취한 것이다.

위빠사나는 명칭부터가 사념처 위빠사나(Satipattana Vipassana)이다. 네 가지에 마음을 집중하여 통찰함으로써 해탈에 이른다는 것이다. 실제로 이같은 수행으로 고다마 싯달타가 대각했고, 석가로부터 배운 수많은 수행자들이 아라한과를 증득했다.

새김은 분별적인 사고를 멈추고(止) 대상을 있는 그대로 보는(觀) 수행이다. 흔히 산문(山門)에 "너의 아는 것을 다 내려놓아라"고 써놓은 글귀를 보는데 세상에서 얻은 하찮은 지식들, 선입관, 편견, 그리고 어릴 때부터 교육으로 주입된 세계관, 인생관 같은 것들을 모두 내려놓고 순일한 마음으로 부처님 앞에 나아오라는 권고이다. 이제 막 출가하는 젊은이에게 스승이 "아는 것을 다 버려라"고 하는 것도 그 소식이다.

적극적인 사고와 분별을 쉬고 내 안과 밖에서 일어나는 것들을 있는 그대로 통찰하면 존재의 근본 실상이 환하게 드러난다. 새김도 올바르게 새겨야지 엉뚱한 곳에서 남의 다리를 긁고 있어서는 백년하청이다. 인류의 스승인 석가는 네 가지 새김의 바탕을 제시해 주고 있다. 4념처이다. 몸에 대한 관찰, 느낌에 대한 관찰, 마음에 대한 관찰, 그리고 법에 대한 관찰이 그것이다. 위빠사나 수행법을 다른 말로 '통찰명상'이라 하는 것도 까닭이 있다. 사물이 그 실체를 정확하게 거울에 드러내려면 거울 표면에 묻은 먼지를 제거하고 깨끗하게 닦아놓아야 하듯, 우리의 인식의 도구(마음 바탕)를 청결하게 한 후 대상을 있는 그대로 보는 것이 이 수행의 요체이다. 그렇게 하여 무엇을 보라는 것인가? 그 지름길을 가르쳐 주는 것이 4념처이다.

먼저 몸을 본다. 몸에서 일어나는 것들을 빠짐없이 지각한다.(알아챈다) 처음에는 호흡을 보고 행주좌와(行住坐臥)의 4위의(四威儀)를 보고 몸의 구성 요소와 상태를 보고(가죽 속에 들어 있는 피와 살, 그리고 뼈와 분비물들을 관찰한다), 그것이 미구에 변하여 뼈는 부러지고 바스라지고 살은 썩어 물과 흙으로 돌아가는 과정을 남김없이 관찰한다. 이것이 4념처의 몸에 관한 관찰이다.(身隨觀) '이것이 몸이다'고 할 때 무엇을 두고 말함인가. 몸이 머무는 곳이 어디인가를 본다.

다음으로 석가는 느낌(受)을 보라(受隨觀)고 권한다. 앞서 우리는 석가가 "일체는 12처다"하고 단정했던 것을 기억한다. 6개의 감각기관과 이에 대응하는 6개의 경계를 제외하고 따로 존재하는 것이 없다는 말이다. 따라서 세계(일체)는 우리의 감각기관과 이에 대응하는 경계가 낳은 산물이다. 그것을 면밀하게 바로 보라는 가르침이다.

감각에서 발생하는 것, 감각에서 소멸해 가는 것을 있는 그대로 관찰하는 것이 요령이다. 느낌에는 즐거운 느낌도 있고 괴로운 느낌도 있다. 아름답다, 또는 추하다, 사랑스럽다, 혐오스럽다는 느낌이 일어난다. 그것을 있는 그대로 관찰하면 '나(?)'를 형성하고 있는 요소들이 밝은 태양 아래 드러난다. 감각이 빚어낸 현상으로서의 '나'가 얼마나 허무한 것이며 그 속에 상주불변하는 나는 없다는 무아의 진리를 체득하도록 석가는 이끌고 있다.

그 다음 마음을 관찰한다.(心隨觀)

스피노자는 그의 저서〈윤리학〉에서 마음에 대해 말하기를 "인간의 마음 속에는 절대적 의지, 또는 자유의지는 없다. 오히려 마음은 이것 또는 저것을 바라도록 하는 원인에 의해 결정되어 있고, 이 원인은 또 다른 원인에 의해 결정되었고, 이 원인은 또 다른 원인에 의해 결정되었으며, 이러한 일은 무한히 반복된다."고 했다. 마음이 독립된 존재가 아니라 어떤 원인에 의하여 조건 지어진 현상 혹은 기능이라는 것을 파악한 것으로 불교를 공부한 영향이 보인다.

〈대염처경(大念處經)〉은 사념처에 대한 석가의 가르침을 지루할 정도로 상세하게 풀어서 담고 있다. 그 중 '마음을 보는' 경우에 대해 석가는 다음과 같이 말하고 있다.

"수행승들은 어떻게 마음을 관찰할 것인가? 수행승은 마음이 탐을 내면 '마음이 탐 낸다'고 알아차리고, 마음이 성을 내면 '마음이 성을 낸다'고 알아차린다. 또 마음이

어리석으면 '마음이 어리석다'고 알아차리고 마음이 크거나 작으면 '마음이 크거나 작다'고 알아차린다······ 이와같이 안으로 마음에 대하여 마음을 관찰하여 머물고 밖으로 마음에 대하여 마음을 관찰하여 머물고 또한 안팎으로 마음에 대하여 마음을 관찰하여 머문다. 또 마음이 생하는 법을 관찰하여 머물고 마음이 멸하는 법을 관찰하여 머문다. 또 마음이 생하고 멸하는 법을 관찰하여 머문다. 또한 지식으로 안 것과 기억으로 아는 것에 대해서도 마찬가지로 '마음이 있다'고 생각하되 의지함이 없이 머물면 세상의 어떤 것에도 집착하지 않게 된다. 수행자들이여, 이와같이 수행자는 마음에 대하여 마음을 관찰하여 머문다."

　무엇 때문에 이런 번잡하고 어려운 새김의 수행을 하는가? 석가의 말에 그 대답이 숨어 있다. "(이렇게 하면) 세상의 그 어떤 것에도 집착하지 않게 된다"는 것이다. 마음이 어떻게 무엇을 의지하여 일어나고 사라지는지 분명히 보아서 알고 나면 마음을 의지하여 집착하지 않게 된다는 것이다. 이것이 수행자가 사념처의 수행을 하는 목적인 셈이다.

　마음의 실체가 없고 마음의 대상 또한 실체가 없는 것이기 때문에 집착할 것은 이 세상 그 어디에도 없다. 이것이 해탈이며 공(空)이고, 또한 자유이다. 그리고 마음은 실체가 없기 때문에 본래 청정하다. 본래 청정한 마음자리를 회복하는 것, '본성을 본다'(見性成佛)는 것은 필시 이 경지를 말하는 것이다.

　마지막으로 사념처의 네 번째 관찰할 대상은 법(法)이다. 불교에서 말하는 법은 우리가 사용하고 있는 법률과는 달리 제법무아(諸法無我)에서 보듯 사물(事物)에 더 가까운 말로 쓰인다. 사물은 곧 세계이며 우주이다. 그리고 때로는 존재라는 의미로도 쓰인다. 이 세계 자체와 그것을 이루고 있는 근본을 아울러 법이라고 한다. 그러므로 '법을 본다'는 것은 세계의 바탕을 본다는 뜻이 된다. '마음을 본다'에서는 마음이 자연계에서 인간만이 지닌 것이기 때문에 여기서는 대상을 확대하여 우주 또는 세계의 바탕이 무엇인지 그것을 통찰하여 챙겨보라는 것이다.

이미 여러 차례에 걸쳐 확인한 바와 같이 석가는 사물(세계)을 의식의 투영으로 보았다. "일체는 12처다"고 한 데서 나아가면 일체유심조(一切唯心造)가 된다. 이 명제에 대해서는 이 책의 모두에서 문제를 제기해 놓고 아직도 해답을 얻지 못하고 있거니와 세계가 내 마음을 떠나 존재하지 않기 때문에 그 세계를 바로 보는 것도 내 마음을 통해서다. 그러므로 먼저 세계를 보는 내 마음의 장애부터 걷어낼 필요가 있다.

석가가 말하는 다섯 가지 장애, 즉 법을 온전하게 관하지 못하게 하는 마음 속의 다섯 장애는 기(欺), 태(怠), 진(瞋), 한(恨), 원(怨)의 다섯 가지이다. 기는 속임이고 태는 게으름, 진은 성내는 마음, 한은 삶에 대한 불만, 원은 원망하는 마음이다. 기(欺)는 탐욕의 다른 이름이다. 속임은 다른 사람을 속이는 것도 있지만 가장 나쁜 것은 자신을 속이는 것이다. 석가는 자기 기만을 수행자가 법을 바로 알아차리는 데에 가장 큰 장애물로 파악한 것이다. 다음은 해태와 혼침이다. 수행을 하려면 엄청난 인내심과 고통의 극복과정이 필요하다. 육체를 무조건 학대하는 것은 올바른 수행법이 아니지만 대개의 수행에는 육체의 고통이 따르고 이것을 극복해야만 정신적 성취에 이른다. 이 때 장애물이 첫째는 게으름이고 둘째는 혼침이다. 누가 보는 사람이 없어도 큰 발심을 내어 수행 정진을 하는 것이 수행자의 본분이다. 그러나 가부좌하여 마음 챙김의 수행을 계속하다 보면 오늘 그만두고 내일 하지 하는 나태한 마음이 들기 마련이고 여러 이유를 끌어대어 자기 합리화를 도모하는 경우가 많다. 게으르면 수행에 전념할 수가 없다. 게으른 자는 해탈하지 못하고 열반의 구경(究竟)에 들지 못한다. 쏟아지는 잠 때문에 수행자의 대열에서 낙오하는 사람들도 많다. 잠이 온다는 것은 올바른 수행을 하지 않고 있다는 증거다. 좌선 때도 죽비소리가 어깨에서 난무해도 여전히 꾸벅거리며 잠에 빠지는 수행자들이 있다.  화두를 들고 참선하는 간화선에서는 화두 참구를 제대로 하지 않기 때문에 혼침이 오고 사념처 위빠사나에서도 마음챙김이 느슨한 때에 혼침이 온다.

분노 때문에 수행하는 사람이 있을까. 분노가 수행의 동기는 아니라 하더라도 수행 중에 분노하는 마음이 일어나면 법의 바탕을 보기 어렵다는 것이 석가의 판단이었다. 한에 사무쳐서, 원망하는 마음으로 사물을 보면 실체가 잡히지 않는다. 세계의 본질을 바로 보기 위해서는 우선 이 다섯 가지의 장애물을 일단 걷어버리라고 석가는 요구한다. 탐욕이 생기거나 졸음이 올 때도 있는 그대로 관(觀)하는 것이 중요하다. 탐욕이 일어나면 '탐욕이 일어난다' 고 바로 알아차리고, 졸음이 오면 '졸음이 온다' 고 알아차린다. 그리하면 탐욕도 사라지고 졸음도 사라진다. '(법에 대해)지식으로 아는 것, 기억으로 아는 것' 도 이렇게 알아차리고 챙긴다. 그리하여 법의 실체 없음을 확인하면 "세상의 어떤 것에도 집착하지 않게 된다"고 석가는 단언한다.

법이 사물이자 세계이고 존재이기 때문에 그 대상은 너무나 광범하여 어떻게 접근하고 무엇을 챙기며 알아차려야 할 것인지 막연하다. 이런 경우를 대비하여 석가는 먼저 이 방법으로 구경각에 이른 선배로서 스승으로서 사물에는 다섯 가지의 구성 요소가 있으니 그것을 통찰할 것, 그리고 이 세상의 대상은 무한하지만 그것은 12가지의 감각기관과 이에 상응하는 대상이 엮어 만든 것이므로 이것을 통찰하면 사물의 바탕에 이르게 된다는 점을 알려준다. 수행자가 여기까지 온 까닭은 깨닫기 위함이다. 위 없는 진리를 깨닫는 것, 이 목적을 위하여 가정도 버리고 욕망을 잠재우고 혼침을 털면서 여기까지 온 것이다. 그 깨달음의 경지에 대한 석가의 설명이 따른다(七覺支).

먼저 사물의 다섯 가지 구성요소는 색수상행식(色受想行識)의 오온(五蘊)이다. 색은 물질이고 나머지 네 가지는 정신적 영역에 속한다. 물질의 특성, 물질의 본질, 그리고 물질의 생명을 관찰하고 정신과 물질이 둘인가 하나인가를 바로 본다. 그렇게 함으로써 물질에 의존하거나 집착할 필요가 있는지 없는지 절로 답이 나온다. 반야바라밀다심경에는 오온개공(五蘊皆空)이라 하여 오온이 공하다고 결론 지어놓고 있다. 오온이 왜 공인가? 반야심경에서 그렇게 설하고 있기 때문에 공하다는 것은 올바른 대답이 되지 못한다. 스스로 그 답을 체험적으로 찾아내야 하고 온몸으로 수용해야 한다. 결국 사물의 다섯 가지 구성요소를 바로 보라는 것은 오온이 공하다는 진리를 스스로 찾아 보라는 말이다.

열 두 가지 대상을 바로 보라는 것은 12처를 관하라는 말이다. 이미 석가는 "일체는 12처"라 하여 12처 외에 세계가 없다는 결론에 도달했음을 보았다. 그 12처도 상주불변하는 것이 아니라 무아이며 무상한 것임을 알아차리고 의존하지도 말고 집착하지도 말라는 경구이다. 12처는 안이비설신의(眼耳鼻舌身意)의 6근(六根)과 색성향미촉식(色聲香味觸識)의 6경(六境)을 합해서 부르는 말이다. 앞의 6근은 인간이 지닌 여섯 지각 능력이고 6경은 지각능력이 사물을 지각하는 대상이다. 인간이 지니고 있는 여섯 기관의 능력이나 밖에 있는 대상 모두 완전한 존재가 아니다. 12처 모두 인연에 의하여 생성 소멸하는 것이기 때문이다. 이것들이 어떻게 생성 소멸하며 어떻게 사물을 지각하여 '있다' 거나 '없다' 는 마음 작용에 이르게 되는지를 알아차리고 바로 보라는 것이다.

다섯 장애를 넘고 다섯 속성을 보고 12처의 무상과 무아를 통찰하는 수행은 곧 깨달음으로 가는 길이다. 그리고 깨달음으로 가는 길도 역시 통찰의 대상이다. '나는 깨달음의 길을 가고 있다' 하고 알아차리는 것이다. 석가는 그 길을 일곱 가지로 나누어 설명한다.

첫째는 염각지(念覺支)로서 깨달음을 향하여 한결같은 마음을 일으키는 것이다. 마음 알아차림 수행법에서는 이런 염각(깨달음을 향한 한결같은 마음)이 있는지 없는지 약한지 강한지 알아차려야 한다. 그렇게 함으로써 나태해지는 마음을 추슬러 분발심을 일으킬 수 있다.

둘째는 택법지(擇法支)로서 모든 법을 가리고 분별하여 선한 것은 배양하고 악한 것은 버리는 지혜이다. 스승의 말이라도 무조건 추종할 것이 아니라 내가 따를 것인지 버릴 것인지 분별하는 지혜가 있어야 한다. 그리고 올바른 새김(正念)을 위하여 법을 선택하게 될 경우에는 '내 안에 법을 선택하는 깨달음이 있다'고 알아차려야 한다.

용맹스런 마음으로 열심히 정진하는 것을 정진각지(精進覺支)라고 한다. 수행 정진을 할 때 용맹정진의 기회를 마련하여 밤낮 침식을 잊고 정진하는 경우가 있는데 반드시 그런 형식적인 기회를 만들지 않더라도 불퇴전의 용기를 가지고 정진하는 수행자가 있다. 이 경우에도 '내 안에 용맹정진으로 깨달음에 이르려는 요소가 있다'고 알아차린다.

깨달음으로 가는 길에 기쁨을 느끼는 희각지(喜覺支), 그릇된 견해나 번뇌를 끊어버리는 제각지(除覺支), 바깥 경계에 집착하던 마음을 끊어버리는 사각지(捨覺支), 삼매에 들어서 번뇌망상을 일으키지 않는 정각지(定覺支)에 대해서도 내 마음 안에 그런 것이 일어나면 알아차리고 챙기든가 버리든가 해야 한다.

마지막으로 수행자가 새기고 닦아야 할 것은 사성제(四聖諦)이다. 괴로움의 진리(苦諦), 괴로움의 원인의 진리(集諦), 괴로움의 소멸로 이르는 진리(滅諦), 괴로움의 소멸로 이르는 길의 진리(道諦)가 그것이다. 12처, 5취온, 그리고 4성제에 이르기까지 불법의 모든 것이 새김의 대상이다. 여기에 이르면 아라한(阿羅漢)의 경지에 오르거나 못해도 아나함(阿那含)의 경지에 오른다고 석가는 〈대염처경〉의 대미를 장식하고 있다.

"수행자들이여, 누구든지 이 4념처를 7년 동안 이와 같이 닦으면 지금 여기서 구경각인 아라한 또는 집착의 자취가 조금이라도 남아 있을 경우 아나함의 경지에 이르게 된다. 7년은 아니라도 4념처를 1년 또는 6개월, 1개월, 아니면 단 7일간을 닦는 자 중에서도 지금 여기서 구경각인 아라한과를 얻고 혹 집착이 남아 있을 경우 아나함과를 얻는다."

"수행자들이여, 이것은 중생의 정화를 위한, 슬픔을 건너기 위한, 열반을 증득하기 위한, 괴로움의 소멸을 위한, 진리의 길을 걷기 위한 단 하나의 길로서 4가지 대상(身, 受, 心, 法)에 대한 마음 챙김을 굳게 확립하려는 4념처이다."

## (8). 올바른 집중(正定)

마음을 한 곳에 모으고 머물게 하여 흩어지지 않게 하는 것이 정(定)이다. 삼매(三昧)라고도 하고 적정(寂靜)이라고도 한다. 그 방법 중에는 선(禪)도 있고, 명상, 요가 등 다양한 방법이 개발되어 있다. 8정도의 마지막 바른 길로서 삼매를 든 것은 마음의 집중이야말로 불법을 유지, 심화시키는 유일한 방법이기 때문이다. 사람의 마음은 하루에 4만 8천 가지 생각이 명멸한다고 한다. 속담대로 '오만가지 생각'이 일어나고 사라지는 곳이 마음 그릇이다. 이 혼란스러운 마음밭을 그대로 두고는 어떠한 진리에도 이르지 못한다. 구경각(究竟覺)이니 정등각(正等覺)을 얻기는 불가능하다.

올바른 집중, 즉 올바른 삼매는 정등각에 이르는 길이기도 하지만 그 자체가 열반의 다른 이름이기도 하다. 8정도의 마지막에 이 길을 설치해 둔 석가의 숨은 뜻이 언뜻 보이는 대목이다.

지혜는 바람 없는 곳에 밝혀둔 촛불과 같다. 여기에 바람이 불면 촛불은 심하게 흔들리거나 꺼져버린다. 고요한 바다에 비유하기도 한다(海印三昧). 바다에 거친 파도가 일면 수면에 비치던 달빛은 흩어져 제 모습을 볼 수 없다.

따라서 적정삼매는 석가가 무상정등각을 쟁취한 성스러운 길인 동시에 지금 이곳의 현재를 열반으로 만드는 길이기도 하다. 즉 삼매는 열반이다.

이처럼 중요한 일이기 때문에 그 방법은 석가 이전에도 수행자들이 개발했었고, 석가 이후에도 수많은 후학들이 방법을 개발하여 오늘에 전해주고 있다. 그 다양한 세계에 대해서는 별도의 장을 마련하여 검토해 보기로 하고 여기서는 다만 8정도의 마지막 길 표지로서의 바른 집중(正定)을 언급해 둔 것 뿐이다.

# 제3부

## 이 언덕에서
## 저 언덕으로

# 이 언덕에서 저 언덕으로

## 1. 아슈라마

수년 전 다람살라를 출발하여 서울로 오는 항공편의 티켓을 구하기 위해 인도항공의 사무실을 찾아 뉴델리의 거리를 걷다가 아주 우연히 한국인 한 사람을 만난 일이 있었다.

뉴 델리 거리의 한가운데에 코넛 플레이스라는 원형으로 구축된 거대한 회랑 건물이 있다. 영국왕 조지 5세의 형제였던 코넛의 인도 방문을 기념하여 세운 건물이어서 이름도 코넛 플레이스다. 여기서 방사선으로 된 도로가(파리의 개선문 부근처럼) 뉴델리 시내의 곳곳으로 퍼져나가고 회랑에는 상가와 식당, 그리고 여행사들이 들어차 있어 이곳을 거쳐가는 여행자들이 들르지 않을 수 없는 지역이다. 필자도 다람살라에서 뉴델리까지는 버스로 와서 서울로 가는 항공편 좌석을 확보하기 위해 이곳에 있는 인도항공의 사무실을 찾아가던 길이었다.

길가 점포마다 배가 불룩 나온 인도 상인들이 더러는 터반을 두르고 더러는 때문은 흰 셔츠를 헤벌리고 점포 밖으로 머리를 내밀어 극동에서 온 나그네의 행색을 훑어보고는 무심한 눈길을 거두는 것이었다.

회랑의 원형 석주 밑을 지나다가 마주 오는 한국인을 보았다. 비슷한 모습을 한 종족으로 중국인도 있고 일본인도 있으나 한국인은 멀리서 보아도 아, 한국인이구나 하는 느낌이 반가움과 함께 몰려오기 마련이다. 나와 비슷한 연배인 오십대 중후반으로 보이는 남자였다. 큰 여행용 가방을 질질 끌고 다니는 나와는 달리 그는 등에 배낭이 없었고 손에 큰 가방을 들지도 않았다. 가까운 어느 호텔에서 잠시 빠져나온 듯한 홀가분한 차림이었다. 그냥 지나친 후 고개를 돌려 보니 그도 멈춰 서서 이쪽을 보고 있었다. 우리는 다가가 악수를 했다. 가까운 노천 까페에서 커피를 주문해놓고 자리를 틀고 앉았다.

남자의 이름은 진수호(가명), 마산에서 살고, 나이는 쉰 여덟이었다.

"창원공단에 있는 T사 이름 들었지요? 방위산업체입니다. 대포도 만들고 장갑차도 만들고 뭐 그런 전쟁을 대비해서 무기 만드는 회삽니다. 거기서 이사까지 하고 두 해 전에 정년퇴직했습니다. 퇴직 후 몇 달 동안 집에서 빈둥거리면서 낚시도 하고 등산도 하면서 지내다 보니 이게 찌꺼기 인생이구나, 딱 그 생각이 들더라구요. 그래서 생각했지요. 아직 아니다, 이제 시작인데 무슨 소리냐, 하고 무작정 길을 떠났습니다. 와 보니 인도였어요."

그는 인도에서 보낸 두 달 동안의 모험 얘기를 늘어놓았다. 지루했다. 어느 지방의 음식이 어떻다든가 어느 호텔의 서비스가 좋거나 나쁘다거나, 코끼리 타고 인도 서부의 사막을 내달리며 느낀 장대한 기분 따위는 내게 아무런 감동도 주지 못했다. 바라나시의 갠지스강변 가트에서 일상으로 벌어지는 화장의 풍습을 신기한 것을 보았다는 투로 말했으나 그것도 이 지방의 그저 그런 문화일 뿐이고 이 사람들의 살아가는 방식일 뿐이었다.

"인도에는 왜 왔습니까?"

밑도 끝도 없는 그의 긴 얘기가 어느 대목에서 매듭지어졌을 때 내가 끼어들었다.

"그냥요."

그가 대답했다.

"아까 말씀 드리지 않았습니까. 정년퇴직 후 남 하는대로 등산 낚시나 하고 세월이나 죽이고 살자니까 영락없이 찌꺼기 인생이라 이거 아니다, 나를 찾자 하고 생각하다가 어느날 갑자기 비행기표를 샀어요."

"그게 왜 하필 인도였냐니까요."

"그게 글쎄, 인도는 정신적으로 뭔가 있는 나라라는 생각이 들거든요. 거지도 성자 같은 모습을 하고 있고, 사는 것이 하찮으면서도 도가 튼 사람들처럼 보이거든요. 아, 참, 그러고 보니 석가여래께서, 부처님, 바로 그분이 태어나 가르치고 살다가 간 땅이 이곳이거든요. 옛날 신라 때만 해도 구법하러 당나라로 갔다가 거기서 다시 인도로 가려면 서역으로 가는 험난한 길을 헤쳐가야만 했는데, 손오공 나오는 서유기가 바로 그 얘기 아닙니까. 아 지금이야 비행기만 타면 하룻만에 인도 땅에 내려주거든요. 그러니 안 올 수가 없지요."

"잘못 오셨습니다."

"뭐요?"

"인도에는 성자도 없고 부처님은 멀리 길 떠난지 오래 됐습니다."

"요즘 부처님은 어디 가 계신데요?"

"한국이요, 대한민국."

"에이, 그 얘기는 좀 압니다. 원효스님 얘기를 하시려는 거지요? 당나라로 가다가 해골바가지에 고인 물 마시고 깨달았다는,"

"아닙니다."

내가 말했다.

"인도는 석가 부처님에게 배운 것이 없어요. 세존께서 세상에 오기 이전의 브라만교가 판을 치고 이슬람도 좀 있고, 자이나교도 있으나 석가의 가르침은 남은 것이 없어요. 기껏 남아 있다는 것이 유적지 정도인데 관광산업으로 팔아먹기나 했지, 그 속에 석가의 가르침은 살아 있지 않습니다."

"그럼 선생은 왜 왔습니까? 다람살라에 가서 한 달 동안이나 뭘 보고 배웠습니까?"

"사기꾼을 보았습니다."

"혹시,"

그가 조심스럽게 물었다.

"달라이라마를 사기꾼이라고 하신 겁니까?"

나는 성철스님의 열반게를 읊어주었다.

"평생 남을 속이고 살아 그 죄가 수미산보다 높으니,"

"그건 큰스님께서 반어법으로 하신 싯귀라는 것을 모르는 사람이 없습니다. 그리고 후세 사람들을 경계하는 뜻도 있고요."

"그 노회한 영감님이 세상 사람들이 그렇게 해석할 줄 미리 알고 진심을 담아 게를 읊은 겁니다."

"아닌 것 같은데, 그렇다치고 달라이라마 어른은 어디로 봐서 사기꾼이 있어요?"

"그냥 사람은 누구나 자신에 대해서는 조금씩 사기를 치거든요."

그는 미덥지 못하다는 눈빛이었다. 그가 알아듣지 못하니 나는 화제를 바꾸었다.

"그래, 인도에서는 잃어버린 자기를 찾았습니까?"

"아닙니다."

그가 실망스러운 표정으로 말했다.

"며칠 전에야 깨달았습니다. 내가 자기를 잃어버린 곳이 대한민국의 마산인데 왜 인도에서 찾느냐, 하고 말이지요. 그래서 돌아가려고 항공사로 가는 길입니다."

"마산에서도 찾지 못할 겁니다. 돌아가서도 헛일입니다. 다시 어딘가로 떠나야 할 겁니다."

"그건 왜죠?"

불안해 보였다.

"잃어버린 장소가 마산이 아니라 선생의 마음 속이거든요."

"내 마음밭으로 가는 여행이 어렵습니다. 이끌어줄 스승이 없거든요."

"혼자서 가야합니다. 석가여래도 그랬으니까요."

"압니다. 그러나 부처님과 같이 할 수는 없지요."

"모르긴 하지만 중생들은 부처님보다 몇 배나 더 노력해야 그분의 옆에서 걸을 수 있을 겁니다."

"그렇겠네요. 인정합니다."

그는 길게 한숨을 쉬었다. 석가 부처님보다 근기가 약한 중생이 부처님과 비슷한 경계에 이르려면 몇 배나 더한 수행을 해야한다는 것은 인정하지만 남은 시간이 많지 않고 근력도 좋지 않아 해내기 어려울 것이라는 절망감 때문이었다.

"이런 것이 어떨까요."

내가 제안했다.

"인도에는 옛날부터 아슈라마라는 것이 있었어요. 인생을 백년으로 잡고, 사실은 좀 길게 잡았지만요. 그것을 4등분하여 25년마다 큰 변화를 주는 것인데, 예를 들어 태어나 25세까지는 스승 밑에서 배우는 시기, 25세 이후 50세까지는 자식 낳고 기르기 위해 일하는 나이, 50세부터 75세까지는 산림 속에 들어가 은둔하며 수행하는 시기, 마지막으로 75세 이후에는 세상으로부터 소멸되어가는 시기로 합니다. 소멸되는 방법은 각자가 알아서 할 일이니 정말로 알아서 하더라도 선생처럼 직장에서 나와 할 일 없는 남자들을 산림 속으로 출가시켜 수행케 하는 그런 프로

그램이 있었으면 좋겠습니다."

"우리가 만들어 봅시다."

그가 의욕을 보였다. 나는 만류했다.

"그건 꿈일 뿐이고, 선생께서 한국으로 돌아가 길을 찾아 헤매어 보고 나서 그 결과를 토대로 늙은이들의 수행기관을 하나 만들든지 어쩌든지 해 봅시다."

"아슈라마, 역시 인도 사람들은 인생을 허투루 살지 않았군요."

인도 사람들이 인생을 허투루 살았는지 어땠는지는 확언하기 어렵다. 아슈라마도 사철 기온이 따뜻하여 사는 것이 팍팍하지 않은 이 나라니까 가능한 일이었지, 한국처럼 눈이 핑핑 돌 지경으로 바쁜 사회에서는 가능하지 않은 일로 보였다. 쉰이 넘은 남자들도 집 나서기를 두려워한다. 소심한 탓이고 책임감이 있기 때문이고 강한 유대감으로 결속된 가정이 있기 때문이고, 늙어서도 죽을 때까지 바쁘기 때문이다.

서울로 돌아와 필자는 진수호라는 사람을 잊었고, 아슈라마도 잊었다. 그렇게 몇 년이 흐르는 동안 필자는 나름대로 수행을 계속했다. 옛날에는 산사를 찾아 스님들을 만나 법담을 나눈 후 자기만족감에 배를 두드리며 집으로 돌아와서는 다음날 아침 살펴보니 산사에서 가지고온 것이 아무것도 없다는 허무와 맞닥뜨리기 일쑤였다. 그런 어리석은 산사 순례와 스님 친견으로 나의 허탄한 내장이 채워질 것이라고 생각한 것은 큰 착각이었다. 그래서 직접 좌선에 끼어들었다. 토굴에 들어가 수행 비구들처럼 고행도 해보았다. 마찬가지였다. 어느 스님은 필자를 보고 "이 선생은 수행을 하면 남들이 몇 년 걸릴 길도 한달음에 갈 수 있을 것"이라고 응원해 주었다. 그러나 직접 나서보니 결과는 반대였다. 정신의 속살에는 털어내야 할 먼지가 켜켜이 쌓여 있었고, 버려야 할 지식 나부랭이도 걸림돌이 되어 발부리에 상처를 주었다. 울산에서 서울까지 걷고 고성 통일전망대에서 포항까지 동해안 7번국도를 따라 다시 걸어도 내달리는 헛생각들을 잠재우지 못했다. 그 때서야 아슈라마가 다시 떠올랐다. 마산에 산다던 진 아무개는 어디서 어떤 길을 헤매고 있을까, 궁금하기도 하고 그가 얻은 열매를 조금이라도 나누어 갖고 싶기도 했다. 그러나 찾을 수는 없었다.

혼자서 나만의 아슈라마를 실천하는 수 밖에 도리가 없을 것 같다. 어느 단계일까. 내 나이를 꼽아보니 마지막 단계를 실현해야 할 때가 다가오고 있었다. 그 준비를 위하여 몇 가지 챙길 것이 있었다. 이 책은 나의 아슈라마를 위하여 챙긴 몇 가지 준비물들 중의 하나이다.


## 2. 여행자의 보따리

여행자의 보따리는 가벼울수록 좋다. 그런 뜻에서 이 글은 쓰고 나서 곧 버리고 싶었다. 그런데도 여전히 필자의 짐보따리 속에서 내버릴 수 없는 몇 가지 무거운 짐뭉치가 있었다. 털어내놓고 보니 하잘것 없는 것들이지만 모두 내 삶의 무게와 맞먹는 무게를 지닌 것들이어서 함부로 버릴 수도 없었다.

　일본의 불교학자로 〈坐禪의 構造와 實踐〉을 쓴 작자는 "불교에서는 자아가 없다고 하는데 이 때의 자아는 개아(個我)로서 인연관(因緣觀), 중관(中觀), 유식론(唯識論) 모두 이 자아의 부정이 중심으로 된다. 자아가 만들어낸 번뇌에 철저히 고민한 결과 도달한 사상이다. 자아를 부정하는 것 외에 탈출할 길은 없었던 것이다."(關田一喜 〈坐禪의 構造와 實踐〉)고 했다. 석가의 인연법과 중도의 사상은 자아를 부정하지 않고는 바로 설 수 없는 구조물이다. 자아를 철저하게 부정한 석가의 구조물을 주춧돌을 빼는 방식으로 허무는 행위는 옳지 않다는 생각이 줄곧 내 머리 속을 맴돌고 있었다. 수만명의 수행자들이 입을 열어 꾸짖는 소리에 귀가 먹먹할 지경이었다. 그래도 나는 용기를 냈다.

　전에 이런 일이 있었다. 내가 쓴 책 속에서 국내 어느 문중의 지도자인 큰스님에 대해 담담하게 쓴 말이 문제가 됐다. 대개의 큰스님들에 대한 글이나 산사를 소개하는 글들은 동원할 수 있는 온갖 언어를 다 동원하여 고즈넉한 분위기를 만들고 큰스님이나 산사를 추켜세우는 글이어야 한다. 모두 그렇게 길들여져 있었다. 풍토가 그런데 내 글이 그렇지 않으니 문중에서 난리가 났다. 마침내 문중을 대표한다는 스님 한 분이 전화를 걸어왔다.

　"당신이 쓴 쓰레기 같은 글에 보면 우리 큰스님의 법력이 그다지 높지 않은 것으로 오해할 소지가 있다. 글쟁이는 제멋대로 그런 글을 쓰면 그만일지 모르나 문중의 어른으로 모시고 사는 우리들에게는 죽느냐 사느냐의 문제다. 네 배때기에는 칼이 들어가지 않느냐. 당장 그 책을 회수하고 사과 광고를 내지 않으면 칼을 들고 가겠다."

그것이 칼부림할 일인지 아닌지 따져서 상대를 달래는 것은 무익한 일이었다. 나는 전화에 대고 말했다.

"내 배는 기름층이 두터우니 칼을 잘 드는 놈으로 골라서 잘 벼려서 가지고 오기 바란다. 그리고 당신들 문중의 수가 몇인지 모르나 웬만하면 다 함께 와서 덤벼다오. 나는 혼자서도 너희들 몇 만 명은 감당할 자신이 있다. 내 집 주소를 알려줄 테니 지금 당장 오너라."

그래놓고 기다렸으나 그는 오지 않았다. 이 바닥에서 하고 싶은 말을 하자면 칼 맞을 각오가 돼 있어야 하는구나. 그 때 알았다.

그래도 할 말은 해야 한다. 무아는 가설(假說)이다. 이론의 주춧돌을 괴기 위한 가설일 뿐이다. '제법무아(諸法無我)' '오온개공(五蘊皆空)' '일체(一切)는 12처(處)'라는 말들이 모두 무아(無我)를 알리는 소식이다. 실로 장엄한 구조물이다. 그 속에는 요즘 말로 하면 인식론도 있고 형이상학도 있으며 논리학, 윤리학, 심리학까지 골고루 갖춘 장대한 구조물이다. 그 구조물을 떠받치고 있는 주춧돌이 무아(無我)이다. 오온을 살펴봐도 그렇고 12처를 둘러봐도 그렇다. 연기법은 자아가 없는데 자아가 있다고 하는 집착에서 무명이 생기고 여기서 연기법의 연쇄 고리가 시작된다는 것이 주요 내용이다. 결국 인생은 커다란 괴로움의 덩어리라는 결론에 도달한다. 그리고 그 괴로움의 바다에서 벗어나는 해탈의 길이 자상하게 시설된다. 석가의 가르침의 뼈대는 이와 같다.

해탈, 열반, 구경각(究竟覺)은 모두 지혜로써 깨닫는 것이다. 깨닫는 주체는 마음이다. 여기서 마음이라는 수상한 어휘를 추적해 볼 필요가 있다. 마음 또한 인연 지어진 것이며 조건에 따라 생멸하는 것이다. 그런 어설픈 마음으로 깨달은 것이 절대적 생명력을 가질 수 있는가? 그럴 수 없다. 그 깨달음은 언젠가 극복되고 파기되어야 할 상대적인 것이다. 그런 상대적인 진리를 진리라고 하기는 어렵다. 석가는 불타가 세상에 오거나 말거나 법은 그 자체로서 존재한다고 역설했다. 자신은 그것을 발견하여 해탈을 얻은 사람에 지나지 않는다고 겸손한 자세로 말했다. 법은 생멸하지 않는가. 즉 법은 우리가 사는 세계 밖의 어디에 존재하다가 근기가 수승한 사람에게 발견되어 지구상에 끌려오기라도 했다는 것인가? 데칼트는 "지금 생각하고 있는 나는 있다"고 했으나 석가도 최소한 깨닫는 나는 있다고 해야 깨달음의 내용이 신빙성을 획득한다. 아니면 깨달음과 해탈, 열반도 역시 그 어떤 아름다운 말로 수식해도 상의상대성(相依相待性)의 연기법에 따라 부침(浮沈)할 수 밖에 없다.

앞에서 인용했던 일본인 세끼다(關田)는 "옛 성현이 인연설(因緣說)을 세우고 상의상대론(相依相待論)을 들고나와 '나'의 비실체성을 증명했어도 여전히 무명(無明), 갈애(渴愛)는 존재한다. 만사만물은 인연에 의한다고 설하지만 그 일상생활은 개아(個我), 집착(執着), 애증(愛憎), 간택(揀擇)의 덩어리로서 자신은 조금도 그것을 알지 못한 채 무서운 모순을 범하고 있다. 여기서 정직하게 자아의 모순에 괴로워하며 만신창이(滿身瘡痍)로 몸부림치면서도 사실을 그대로 인식하고 있는 사람들만

이 올바로 깨달을 수 있다"고 하여 인생이 모순 덩어리이며 이같은 모순을 있는 그대로 깨달아야 한다는 처방을 내놓았다. '있는 그대로'의 현실로 회귀하면 '자아 없는 자아'로서 대전환을 이룬다는 것인데 (독이 약으로 바뀌듯) 이것도 억지스럽다. '있는 그대로의 현실'(산은 산, 물은 물)로 돌아오기 위하여 그토록 멀고 어려운 길을 가고 올 필요가 어디 있는가. 여기서 보면 불교야말로 불필요한 챗바퀴 돌기 놀이를 하는 어리석은 사람들의 행위 같아 보인다. 그리고 여기서 끝났다면 석가의 가르침은 그 생명력을 다했을 것이다.

## 3. 지식(知識)과 지혜(知慧)

세존께서 싸밧티시의 제따숲에 있는 아나타삔디까 승원에 계실 때 수행승들에게 말씀하셨다.

"수행승들이여, 그대들의 것이 아닌 것을 버려라. 그것을 버리는 것이 그대들에게 이익과 안락을 줄 것이다. 무엇이 그대의 것이 아닌가? 물질(色)은 그대의 것이 아니니 버려라. 그것을 버리는 것이 그대들에게 이익과 안락을 줄 것이다. 느낌(受)은 그대들의 것이 아니니 그것을 버려라. 그것을 버리는 것이 그대들에게 이익과 안락을 줄 것이다. 지각(想)은 그대들의 것이 아니니 그것을 버려라. 그것을 버리는 것이 그대들에게 이익과 안락을 줄 것이다. 형성(行)은 그대들의 것이 아니니 그것을 버려라. 그것을 버리는 것이 그대들에게 이익과 안락을 줄 것이다. 의식(識)은 그대들의 것이 아니니 그것을 버려라. 그것을 버리는 것이 그대들에게 이익과 안락을 줄 것이다." 《상윳다 니까야》

   물질과 정신 모두 나의 것이 아니므로 버리라고 권고한다. 그것을 버리면 얻는 것은 무엇인가? '이익과 안락' 이라고 말한다. '이익과 안락'은 물론 금전적 보상은 아니다. 우리 마음 속에 찾아오는 평안이며 행복감이다. 그것이 열반이다.

   세존께서 싸끼야국의 데바다하라는 싸끼야족의 마을에 계실 때였다. 수행승들의 물음에 다음과 같이 대답하셨다.

   "수행승이 정신으로 사물을 인식하고 안으로 탐욕과 분노와 어리석음이 있으면 '내 안에 탐욕과 분노와 어리석음이 있다' 고 분명히 알고, 안으로 탐욕과 분노와 어리석음이 없으면 '내 안에 탐욕과 분노와 어리석음이 없다' 고 분명하게 안다. 그렇다면 이런 사실들은 믿음, 전승, 형상에 대한 분별, 견해에 대한 이해를 통해 알려지게 되는가?"

   수행승들이 대답했다.

   "세존이시여, 그렇지 않습니다."

   "그렇다면 수행승들이여, 이러한 사실들은 지혜로 보아야만 알려지게 되는가?"

   "그렇습니다. 세존이시여."

   "수행승들이여, 이것이 수행승이 믿음, 만족, 전승, 형상에 대한 분별, 견해에 대한 이해와 별도로 '태어남은 부서졌고, 청정한 삶은 이루어졌으며, 해야할 일은 다 마쳤으니, 더 이상 윤회하지 않는다라는 궁극적 앎을 설명할 수 있는 이치이다."

수행하는 사문이 궁극적 이치를 알게 되는 것은 학문적 방법론과 지식에 있는 것이 아니라 수행을 통해 연마한 지혜 때문임을 분명하게 밝혀 놓았다. 선을 그은 것이다. 내 것이냐, 아니냐 조건 지어진 것이냐 아니냐를 따지는 것은 무익한 일이다. 석가가 무아를 깨달은 것은 머리로 지식으로 한 것이 아니라 오랜 수행을 통하여 닦은 지혜를 통해서였다. 그것은 논리적 사고의 영역이 아니라 종교적 체험의 세계이다. 상상과 추론조차 경험된 것이지 사유된 것은 아니다. 여기서 끝없는 추론의 늪에 빠져 퍼올리는 의심의 세계와 수행자는 결별한다.

그러므로 우리가 제기한 몇 가지의 중요한 의문, 우리의 의식 밖에도 세계는 있는가, 없는가 하는 철학적 의문은 수행을 통하여 극복되고 열반의 경계에서 소멸되는 것이다. 그것을 위하여 석가는 중생들에게 직접 가르쳐야겠다고 길을 나선 것이었다. 이후 45년동안 그는 그 길을 걸었다.


## 4. 마지막 여행

우리는 열반을 죽음과 동의어로 사용한다. 이는 아주 잘못된 것이다. 불교 내부에서도 스님이 입적하면 '열반하셨다' 고 하고 있으니 일반 사람들이 열반에 대해 잘못 알고 있는 것은 당연한 일일 것이다. 열반은 해탈에 이른 상태를 말한다. 그러면 해탈이란 무엇인가? 이를 '대자유(大

自由)라고 부르는 이들도 있다. 유쾌한 감각이다. 번뇌로부터의 자유, 고로부터의 자유, 그리고 죽음으로부터의 자유, 그런 자유를 일컬어 대자유라 하는 것이다. 해탈의 진면목임이 분명하다.

맛찌까싼다 마을에 있는 암바따까 숲에서 장자 찟따가 존자 고닷따에게 해탈을 설명하고 있었다.

"존자여, 아무것도 없는 마음에 의한 해탈(無所有心解脫)이란 수행승이 한량없는 의식의 세계를 뛰어넘어 '아무것도 없다'는 세계를 성취하는 것입니다. 이것을 아무 것도 없는 마음에 의한 해탈이라고 부릅니다. 다음으로 텅 빈 마음에 의한 해탈(空心解脫)이란 수행승이 숲으로 가거나 나무 밑으로 가거나 빈 집으로 가거나 '자아나 자아에 속한 것은 텅 비었다'고 성찰합니다. 이것을 텅 빈 마음에 의한 해탈이라고 합니다. 또 인상을 뛰어넘는 해탈(無相心解脫)이란 수행승이 인상에 정신을 쓰지 않고 인상을 뛰어넘는 마음의 삼매를 성취하는 것을 말합니다. 이 개념들은 의미도 다르고 표현도 다른지, 혹은 의미는 같은데 표현만 다른 것일까요? 존자여, 탐욕이 한계의 원인이고 분노가 한계의 원인이고 어리석음이 한계의 원인입니다. 번뇌가 소멸된 수행승들에게 이것들은 버려지고 뿌리가 잘리고 기반을 상실한 종려나무 줄기 같이 되어서 미래에도 다시 생겨나지 않습니다. 존자여, 한량없는 마음에 의한 해탈이 어떤 경지에 이르면 그것들 중에 최상의 것이 흔들리지 않는 마음에 의한 해탈이라고 명확하게 밝혀집니다. 그 흔들리지 않는 마음에 의한 해탈에는 탐욕이 텅 비고 분노가 텅 비고, 어리석음이 텅 비어 있습니다. 존자여, 탐욕은 뭔가가 있는 것이고 분노는 무엇인가 있는 것이며 어리석음은 무엇인가 있는 것입니다. 번뇌가 소멸된 수행승들에게 이런 것들은 버려지고 뿌리가 잘리고 기반을 상실한 종려나무 줄기처럼 되어 미래에도 생겨나지 않습니다. 존자여, 아무 것도 없는 마음에 의한 해탈이 어느 경지에 이르면 그것들 중에 흔들리지 않는 마음에 의한 해탈이 최상이라고 명확하게 밝혀집니다. 그 흔들리지 않는 마음에 의한 해탈에는 탐욕이 텅 비고 분노가 텅 비고 어리석음이 텅 비어 있습니다. 이러한 이치로 보면 이 개념들은 의미는 같은데 표현만 다릅니다."

상윳따 니까야에 나오는 석가의 가르침과 제자들의 해설을 살펴보면 해탈은 흔들리지 않는 마음에 의하여 일어나고 탐진치로부터 자유로운 정신의 상태임을 알 수 있다.

해탈이 탐진치로부터 자유로운 적정의 상태라고 하면 죽음과 어떻게 다른가? 이번에는 찟따가 묻고 까마부 존자가 답하는 형식이다. 찟따가 물었다.

"존자여, 죽어서 사망한 것과 지각과 느낌의 소멸을 성취한 것 사이에는 어떤 차이가 있습니까?"

"장자여, 죽은 사람은 신체적 형성이 소멸하여 그치고, 언어적 형성이 소멸하여 그치고 정신적 형성이 소멸하여 그치고 목숨이 다하고 온기가 사라지고 모든 감관이 부서집니다. 지각과 느낌의 소멸을 성취한 수행승도 신체적 형성이 소멸하여 그치고, 언어적 형성이 소멸하여 그치고, 정신적 형성이 소멸하여 그치지만 목숨은 아직 끝나지 않고 온기가 식지 않고 모든 감관이 청정해집니다. 죽은 것과 지각과 느낌의 소멸을 성취한 것(열반) 사이에는 이와 같은 차이가 있습니다."

까마부의 설명대로라면 열반과 죽음은 목숨이 붙어 있는 것과 없는 것의 차이만 있을 뿐 다른 상태는 비슷하다는 것을 알 수 있다. 모든 것을 쉬어버리는 상태가 열반이라면 죽음의 상태에 근접한 것이라고 할 수 있다. 모든 욕망이 끊어진 자리는 수행승이 아니고 보통 사람이라면 모든 욕망이 끊어지는 때는 죽음을 맞이한 순간 뿐이기 때문이다.

**석가 자신의 대열반(입멸을 대열반으로 표현한다)을 보자.**

석가의 세상 나이 80세, 29세에 출가한 해로부터 51년, 그리고 6년 고행 끝에 구경각을 깨치고(成道) 중생 교화를 시작한지 45년이었다. 허리는 굽지 않았으나 기력은 현저하게 줄어 있었다. 그는 베쌀리의 마하숲에 있는 꾸따가라쌀라에 머물고 있었다. 어느날 세존은 아침 일찍 옷을 입고 발우와 가사를 들고 베쌀리 시내로 탁발을 떠났다. 탁발하여 공양을 마친 뒤 아난다(석가의 사촌 동생으로 10대 제자 중 한 사람, 多聞第一로 알려져 있다. 석가 부처님의 시자로 가까이서 모셨다.)를 불렀다.

"아난다여, 좌구를 들고 짜빨라 탑묘로 가자."

좌구는 깔개다. 시자 아난다는 분부대로 좌구를 들고 탑묘가 있는 곳으로 가서 좌구를 폈다. 석가가 그 위에 앉았다. 아난다가 스승에 대한 예의로 한쪽으로 물러나 앉자 석가가 말했다.

"아난다여, 베쌀리 시는 언제 봐도 아름답구나. 우데나탑도 아름답고 고따마까 탑도 아름답다…… 아난다여, 누구든지 네 가지 신통의 기초를 닦고 익히고, 수레로 삼고, 토대로 만들고, 다지고 체화시키고 완전하게 성취했다고 하자. 아난다여, 그가 원한다면 한 우주기(宇宙期, 劫)나 한 우주기 남짓 머물 수 있을 것이다. 아난다여, 여래는 네 가지 신통의 기초를 닦고 익히고 수레로 삼아 확립하고 쌓아나가고 잘 성취했다고 하자. 아난다여, 그가 원한다면 한 우주기나 한 우주기 남짓 머물 수 있을 것이다."

세존이 이처럼 명백한 암시를 주었으나 아난다는 알아차리지 못했다. 세 번 되풀이하여 암시를 주었으나 아난다는 여전히 알아차리지 못하고 "세상에 누구보다 존경 받는 세존이시여, 많은 사람의 이익을 위해, 많은 사람의 안락을 위해, 올바른 길로 가시는 세존께서는 부디 한 우주기 남짓 머무십시오." 하고 간청하기만 했다. 그러자 석가는 아난다를 물리쳤다.

"아난다여, 괜찮다면 그만 가도 좋다."

아난다가 물러가자 기회를 보고 있던 악마 빠삐만이 석가 옆으로 왔다.

"세존이시여, 세상에서 존경 받는 세존께서는 지금 완전한 열반에 드십시오. 올바른 길로 가신 세존께서는 지금 완전한 열반에 드십시오. 세존께서는 저에게 '빠삐만이여, 나에게 유능하고 숙련되고 두려움이 없고 속박에서 벗어나 안온함을 성취하고 많이 배우고 가르침에 따라 실천하고 바른 방법으로 행하고 가르침에 맞게 행하며 스승의 가르침을 배워서 그것을 설명하고 교시하고 시설하고 확립하고 재현하고 분석하고 명확하게 밝히며 다른 사람들과의 논쟁에서 합리적으로 논박할 수 있고 효과적으로 가르칠 수 있는 수행승 제자들이 생길 때까지 나는 열반에 들지 않겠다' 고 말한 바가 있습니다. 그런데 세존이시여, 현재 세존의 수행승 제자들은 유능하고 숙련되고 두려움이 없으며 속박에서 벗어나 안온함을 성취하고 많이 배우고 가르침을 수호하고 가르침에 따라 바르게 행하며 스승의 가르침을 실천하고 교시하고 명확하게 밝히며 다른 사람과의 논쟁에서 합리적으로 논박할 수 있고 효과적으로 가르침을 설할 수 있습니다. 그러므로 세존이시여, 존경 받는 세존께서는 지금 완전한 열반에 드십시오. 지금이 바로 완전한 열반에 드실 때입니다."

거듭 권하자 세존께서 말씀하셨다.

"빠삐만이여, 그대는 편히 쉬게. 오래지 않아 여래는 열반에 들 것이다. 석달 후에 여래는 열반에 들겠다."

그 때 세존께서는 깊이 새기고 분명하게 알아차리며 짜빨라 탑묘에서 존재의 형성을 놓아버렸다. 그러자 대지가 진동하고 놀랍고 두려운 천둥이 하늘에 퍼져갔다. 그러자 세존은 그 의미를 바로 알고 다음과 같은 게를 읊었다.

헤아릴 수 있는 것과 헤아릴 수 없는 것을 낳는 존재의 형성을 해탈한 여래는 놓아버렸네.
안으로 환희에 차서 삼매에 들었으니
갑옷같이 둘러싼 자아의 존재를 부숴버렸네.

후세의 표현을 빌면 임종게에 해당한다. 석가가 평생 추구해 온 것이 무엇이었는지 명확하게 밝혀지고 있는 감동어린 싯귀다. 헤아릴 수 있는 것, 즉 물질세계와 헤아릴 수 없는 것, 즉 정신세계를 낳는 것은 형성이며 그것을 놓아버린 여래는 해탈의 자유를 누렸다고 돌아보고 있다. 그리고 마지막까지 갑옷처럼 견고하게 둘러싸고 있던 자아를 마침내 완전히 부숴버렸다고 즐거워한다. 앞에 악마 빠삐만이 여러 차례 반복하여 말했듯이 '완전한 열반'은 죽음이다. 석가가 그렇게 평생을 다하여 추구했던 완전한 열반이 그에게 온 것이다. 이 열반은 쟁취한 것인가, 자연(법)이 가지고 온 것인가. 관심을 가지고 볼 것은, 그것(죽음)이 비록 자연이 가지고 온 것이지만 석가 자신이 그것을 알아차리고 수용하는 자세이다. '환희에 차서 삼매에 든' 석가를 죽음이, 악마가 넘볼 수 있을까. 죽음을 발 아래 밟고 선 그는 최후의 승리자였다.

여기까지의 과정을 돌아보자. 자신의 '완전한 열반'을 예감한 석가는 마지막 여행을 시도한다. 45년간 맨발로 북인도 전역을 다니며 자신이 깨달은 위 없는 진리를 가르치고 다녔던 이 위대한 스승은 생의 마지막 순간에도 길을 나선다. 라쟈가하(왕사성)를 출발하여 쿠시나가라에서 열반에 들기까지의 과정은 〈마하파리닙빠나경〉, 번역하면 '위대한 죽음의 경'이라는 뜻의 경전에 비교적 상세하게 기록되어 있다.

석가가 자신의 완전한 열반을 앞두고 왜 노구를 이끌고 여행길에 올랐는지 그 심리적 배경을 일일이 짐작하기는 어렵다. 다만 그의 생애 전체가 '길 위의 삶' 이었으니 회향 또한 길 위에서 이루어져야 한다는 것은 당연한 일로 보인다.

라쟈가하가 속한 마가다국의 왕은 아쟈타삿투 왕(범비사라왕을 죽이고 왕위를 찬탈)이었다. 아쟈타삿투는 이웃나라인 밧지국을 침탈하려는 계획을 세우고 석가세존에게 그 당위성을 얻고자 신하를 보내어 묻게 하였다. 이 때 석가는 밧지국의 일곱 가지 장점을 역설하여 강대국 마가다국의 침략전쟁을 막았다. 동시에 그는 불교 교단이 길게 존속할 수 있는 일곱 가지 길도 시설했다. 이것이 라쟈가하에서 행한 석가의 마지막 설법이었다. 시자 아난다를 데리고 길을 나선 석가의 목적지는 카필라밧투, 그가 태어난 부족의 왕성이었다. 대자유를 성취한 석가도 마지막으로 돌아가 모두 다 내려놓고 싶은 곳은 태어나 자란 고향이었다.

라쟈가하를 떠나 카필라밧투를 향해 북쪽으로 길을 잡아 여행하던 석가는 파탈리마을(오늘날의 파트나)의 갠지스강가에 서서 강을 건너는 사람들과 나룻배를 바라보면서 "괴로움의 차안(此岸)에서 평화롭고 안락한 피안(彼岸)으로 건너가는 사람들이여, 행복할지어다" 하고 감동에 젖었다. 왕성의 안락과 호사를 버리고 출가하여 고행하고 깨달음을 얻어 45년간 맨발로 다니면서 탁발로 생명을 잇고 큰 가르침을 폈던 자신의 생애를 흐르는 강가에 서서 벅찬 감회로 되돌아 보았을 것이다.

파트나에서 갠지스강을 건넌 석가는 밧지국의 수도 베살리에 닿았다. 여기서 그는 유녀(遊女) 암바팔리의 환대를 받고 그녀의 망고숲에 초대받아 가서 법을 설하고 식사 공양을 받았다. 석가는 법을 설하는데 남녀

노소 직업의 귀천을 가리지 않았다.

마침 우기(5월 중순부터 9월 중순까지)가 되었으므로 석가는 암바팔리의 망고숲에서 죽림마을로 자리를 옮겼다. 베살리 부근의 벨루마 마을에서 우안거(雨安居)에 들어갔다. 인도의 우기는 몹시 질척거리고 병마가 유행하는 계절이다. 늙고 쇠잔한 데다 먼 길을 와서 피로한 석가의 몸에도 병마가 침투했다. 그는 자신의 사후를 생각했다.

"아난다여, 나는 이제 늙고 쇠하였다. 먼 길을 걸어와 이제 늙어 멈출 때가 되었다. 나의 나이는 여든이다. 낡은 수레가 가죽끈의 도움으로 간신히 움직이듯 나의 몸도 가죽끈의 도움으로 간신히 움직이고 있는 것이다.

그러나 쉬지 않고 정진한 사람은 어떠한 상(相)도 마음에 담아두지 않고 미세한 느낌마저 멸하여 상이 없는 삼매에 들어 머무니 여래의 육신은 건강한 것이다.

그런 까닭에 (내가 없더라도) 스스로를 등불로 삼고 스스로를 의지하되 다른 것을 의지하지 말고(自燈明), 법을 등불로 삼고(法燈明) 법을 의지처로 하되 다른 것을 의지처로 삼지 마라."

우안거 동안 위독한 상태에 빠졌던 석가의 병세가 잠시 회복되자 그는 다시 발우를 들고 베살리 시내로 탁발을 나섰다.


세존은 아침 일찍 옷을 입고 발우를 들고 베살리 시내로 탁발하기 위해 들어갔다. 탁발에서 돌아와 식사를 마친 세존은 코끼리처럼 몸을 돌려 베살리 시내를 바라보면서 아난다에게 말했다.

"아난다여, 지금은 여래가 베살리를 돌아보는 마지막 순간이 될 것이다. 자, 아난다여, 반다 마을로 가자."


'코끼리처럼 돌아보았다'는 경전의 구절이 사람들의 가슴을 천둥처럼 울린다. 베살리를 마지막으로 돌아다 본 석가는 아난다를 재촉하여 파바마을에 도착했다. 늙고 쇠잔한 데다 병으로 고생했던 석가의 몸은 긴 여행과 탁발, 그리고 좌선에 지쳐 있었다.

베살리를 떠난 석가는 파바 마을에 도착하여 대장장이 쭌다의 음식 공양을 받았다. 이 때 먹은 음식 때문에 석가는 지독한 설사병을 앓았다. 짐작컨대 식중독이었을 것이다. 원인이 된 것은 버섯 요리라고도 하고 돼지고기였을 것이라고도 한다. 어쨌거나 지독한 설사와 붉은 피를 토할 정도로 심한 곽란이 늙은 수행자의 몸을 덮쳤다. 심한 탈수상태로 쇠잔해진 석가는 그래도 일어나 쿠시나가라를 향해 걸었다. 카필라밧투까지는 아직도 먼 여정이었다.


세존은 따르는 수행승들과 함께 히라니야바티강을 건너 쿠시나가라의 말리족 우파밧타나 언덕에 도착했다. 언덕에 도착하자 아난다에게 말했다.

"아난다여, 나란히 서있는 저 사라나무 두 그루(사라쌍수) 사이에 내 머리를 북쪽으로 향하도록 자리를 마련해 다오. 나는 피로하다. 눕고 싶다."

아난다가 시키는 대로 해 드리자 세존은 오른쪽 옆구리를 바닥에 대고 한 발 위에 다른 발을 포개어 사자좌(獅子座)를 하고 누웠다.

둘러선 수행승들을 애정어린 눈으로 바라보던 석가가 간신히 입을 열었다.

"아난다여, 어쩌면 그대들은 뒷날 이렇게 생각할지도 모르겠다.

'가르쳐 주시던 스승은 이제 계시지 않는다. 더 이상 우리들의 스승은 이제 존재하지 않는다.' 하고.

하지만 그렇게 생각해서는 안 된다. 그대들을 위해 내가 가르친 것과 내가 정해준 계율이 나의 사후 그대들의 스승이 될 것이다."

여러 사람들을 돌아보며 석가는 당부했다.

"자, 수행승들이여, 그대들에게 말한다. 모든 법은 지나가버리는 것이다. 게으르지 말고 수행을 완성하라."

이것이 쉬지 않고 수행을 해 온 세존의 마지막 말씀이었다.　　　《마하파리닙바나》

"그런 후에 석가는 모든 것을 놓아버리고 마음을 머물게 하였다."

대열반, 완전한 열반에 든 것이다. 경전은 그 순간을 '마음을 머물게 했다'고 적고 있다. 석가의 시간은 멈추었고 그의 몸과 마음은 떠나온 그 자리로 돌아갔다. 다만 그가 깨달은 법은 지금도 살아 있어 사람들의 미망을 깨우치고 있다.

열반(涅槃)은 산스크리트어로 Nirvana, 파리어로 Nibbana의 중국어 음역(音譯)이다. 의미를 새겨 멸(滅), 적멸(寂滅), 멸도(滅度), 원적(圓寂)으로 번역하기도 하고, 불생불멸의 경지를 체득하여 그 경지에 머무는 것을 말함이니 무위(無爲)요, 무생(無生)이라고도 한다. 청정한 본래 성품

이므로 진여(眞如)이며 실상(實相)이다. 석가가 가르친 불교의 최고 최
후의 이상향이다.


## 5. 스스로 묻고 스스로 답하다

여기 쯤에서 이 책의 모두에 내놓은 질문에 대한 답을 내놓아야겠다.
석가, 그 위대한 스승도 죽고, 그분의 죽음 이후에도 지구는 여전히 돌아
가고 인간의 역사는 피칠갑을 하면서 굴러오고 있으니 이쯤에서 정리를
해 둘 필요가 있어서다. 석가 자신은 신이 될 생각이 눈꼽만치도 없었다.
그랬는데 후대에 오면서 무슨 영문인지 사람들이 신으로 만들더니 마치
이 세상과 사후세계를 모두 다스리는 전능하고 자비로운 절대신의 자리
에 올려놓고 몽매한 사람들로 하여금 싹싹 빌게 해놓은 다음 그들이 차
려놓은 음식을 포식하고 그들이 내놓은 금전으로 살아가는 무리들이 있
기 때문이다. 문화, 혹은 종교라는 이름으로 아무런 반성 없이 횡행하는
사기 행위를 더는 눈 뜨고 봐 줄 수가 없다.
의문은 두 가지였다. 첫째는 "제법무아(諸法無我)가 진리라면 윤회하
는 나(我)는 도대체 무엇인가?" 라는 것이었고, 둘째는 "일체유심조(一
切唯心造)인데 마음 밖의 세계는 누가 만든 것인가?" 하는 것이다.
"항존하는 나는 없다." 즉 "나는 항존하지 않는다." "그러므로 나는 없
다"는 명제는 그대로 진리다. 적어도 석가가 명상을 통하여 통찰한 결과

에 따르면 그렇다. 여기서 자연스럽게 문제의 그 의문이 떠오른다. "내가 없는데 윤회하는 나는 무엇이냐?" 하는 의문이다. 불교의 나라 고려가 패망하고 성리학의 나라 조선이 개국하면서 개국의 이념을 세웠던 삼봉 정도전(鄭道傳)이 불교를 비판하여 쓴 책이 〈불씨잡변(佛氏雜辯)〉이다. 이 책의 주요 내용도 바로 이같은 의문을 제시하여 불교의 허점을 신랄하게 비웃는 것이다. 그러나 이같은 의문은 삼봉과 같은 혁명이념을 끌어대기 위한 학자들을 기다릴 것 없이 오래 전에 이미 인도에서도 제기된 문제였다. 따라서 불법을 옹호하려는 학자들은 이같은 의문을 극복하기 위한 논리를 개발하려고 부심했다. 무착(無着)과 세친(世親)이라는 걸출한 형제가 나와 유식학(唯識學)을 세운 까닭이 거기 있었다.

무착은 인간의 마음(심리)을 파고들었다. 앞에서 이미 살펴본 바와 같이 석가가 파악한 '일체'는 12처였다. 12처란 인간의 생각이 일어나는 현상을 분석하여 5개의 감각기관(眼, 耳, 鼻, 舌, 身)과 1개의 의식기관(意)으로 분류하여 이를 6근(六根)이라 하고 육근에 상대 되는 대상(경계)을 색성향미촉의(色聲香味觸法)의 6경(六境)이라 하며 이를 합하여 12처라 한 것이다. 6근 중에서 앞의 5근은 인간의 육체가 지니고 있는 감각기관이다. 마지막 여섯 번째인 의(意)는 앞의 다섯 감각기관을 통해 들어온 경험을 정리하고 파악하여 "이것은 맛이 있다"거나 "국가에 충성하는 것이 옳다" "저 여인과 평생을 함께하고 싶다"는 등의 생각을 하는 능력이다. 여섯 번째라 하여 일반적으로 제육식(第六識)이라고 한다.

전오식(前五識)을 비롯하여 제육식(第六識)까지 육근은 연기법에 따르면 무명의 소산이므로 환각이다. 대상을 인식하기도 하지만 대체로 그것은 대상을 있는 그대로 인지하는 것이 아니라 왜곡하여 인식한다. 그리고 그것은 항존하지 않는 생멸문(生滅門)이다. 즉 나가 없다. 나가 없는 육식만으로는 윤회를 설명할 길이 없다. 윤회란 전생에 지은 업에 따라 금생이 결정되고 금생에 지은 업에 따라 내생이 결정된다는 업설(業說)이기도 한데 전생에 원수지간이었던 사람이 금생에 부부로 태어나 모질게 미워하고 싸운다는 설정, 금생에 무슨 나쁜 짓을 하면 내생에 개나 돼지 등 축생으로 환생한다는 설 등 그 결과도 다양하다.

윤회설에 바탕을 둔 설화는 우리나라에도 풍부하지만 아무래도 압권은 티벳 라마교에 전승되어 오는 라마승의 환생설일 것이다. 대표적인 것이 현재 티벳 망명정부를 이끌고 있는 종교와 정치의 지도자 제 14대 달라이 라마의 전생설화일 것이다. 이야기인즉 이렇다.

1935년 7월 6일, 티벳 동북부에 있는 작은 마을에서 텐진 가쵸라는 아이가 태어났다. 그에 앞서 수도 라싸의 포탈라궁에서는 제13대 달라이 라마가 입적했다. 그로부터 3년 뒤 티벳의 종교 지도자들은 전례에 따라 라싸 근교의 얌드록쵸 호수에 가서 입적한 13대 달라이 라마의 환생(還生)이 태어난 마을이나 지역을 암시하는 영상이 비치기를 고대하고 호숫가에 갔다. 거기서 비친 마을이나 집에 대한 암시를 따라 티벳 전국을 샅샅이 뒤진 결과 텐진 가쵸의 집에 이르게 된 것이었다. 세 살배기 텐진 가쵸의 탄생 시기는 13대 달라이 라마의 입적 후이므로 환생하기에 알

맞은 때였다. 늙은 스님들은 가지고 간 여러 물건들을 꺼내놓았다. 아이가 좋아할만한 다른 물건들 속에 13대 달라이 라마가 사용하던 안경, 지팡이 따위도 포함되어 있었다. 아이는 놀랍게도 다른 물건들을 거들떠보지도 않고 13대 달라이 라마가 쓰던 안경과 지팡이를 집었다. 그리고 포탈라궁에서 늘 가까이 지내던 측근들을 알아본 듯 다정하게 말을 걸었다. "이 아이가 13대 달라이 라마의 환생이다" 하고 확신한 스님들은 아이를 포탈라궁으로 데리고 와서 교육, 정확하게 말하면 적응훈련을 시킨 후 1940년 정식으로 제14대 달라이 라마에 즉위케 했다. 바로 그 텐진 가쵸가 지금의 티벳 망명정부를 이끌면서 노벨 평화상을 수상한 세계적 정신 지도자 달라이 라마 그 사람이다.

전 세계를 다니며 학자, 젊은이들과 토론도 하고 불법을 강의하기를 서슴지 않던 그는 2012년인가 프랑스 르몽드지와 인터뷰를 하는 가운데 환생 이야기가 나오자 "나는 환생하지 않겠다"고 선언했다. "환생을 하더라도 제15대 달라이 라마로 거듭 태어나지는 않을 것이며 여자로 태어날지도 모르겠다"고도 했다. 그러면서 티벳의 정치 지도자와 종교 지도자를 분리할 것을 암시하고 이어 새로운 후계자는 로마 교황을 선출하는 방식으로 선출하면 어떨까하는 복안도 내비쳤다.

환생을 하고 안하고는 본인의 마음대로라는 주장을 깔고 앉은 그의 말은 곰곰이 씹어보면 허점 투성이지만 티벳 망명정부를 이끌어 온 공로를 감안하여 전 세계 사람들이 비판 대신 동정의 마음으로 지켜보고 있는 것만은 사실이다.

다시 무착의 유식학(唯識學)으로 돌아가자. 6식(六識)만으로는 윤회를 설명할 길이 없음을 깨달은 그는 인간의 심리 체계를 제6식에 이어 제7식, 제8식으로 더욱 세분화하였다. 제7식은 마나식(末那識), 제8식은 아뢰야식(阿賴耶識)이라고도 한다. 정확한 분류는 아니지만 제7식은 참회의식, 자아의식이라고도 하고 제8식은 저장식(貯藏識)이라고 한다. 경우에 따라서는 제9식을 말하는 이도 있으나 이는 너무 작위적이어서 널리 인정받지 못하고 있다. 프로이드 심리학의 분류법에 따르면 제7식과 제8식은 무의식의 세계에 속하거나 초자아(超自我)의 영역에 해당한다. 그 중에서도 제8식은 인류가 지상에서 생존해 오는 동안 여러 생을 통하여 쌓아온 습기가 쌓인 것으로 생물학적으로 말하자면 유전자, 또는 DNA 에 해당할 것이다. 어릴 때 받은 정신적 상처가 평생 동안 마음 밑바닥을 점령하고 있어 일생을 좌우하는 경우(예를 들어 계모에게 학대 당한 경험 때문에 여자를 증오하게 된 남자의 경우처럼)는 흔한데 이때도 그의 경험은 의식의 저장 창고인 제8식에 저장되었다가 사물을 인식하는 잣대로 등장한다는 것이다. 이 제8식이 윤회의 주범이다. 무엇이 윤회하는가? "전생에 쌓은 업이 윤회한다"고 대답할 때 절반은 진실이고 절반은 거짓이다. 인간은 살아오는 동안 환경과 부딪치며 쌓은 경험을 유전자 속에 보존한다. 그것이 윤회라면 윤회는 있다. 그러나 그런 윤회 속에는 전생에 쓰던 안경과 지팡이를 기억하는 따위의 기억이나 기억하는 주체 즉 자아의식은 존재하지 않는다. 결정적으로 말하자면 제7식, 제8식도 식인 이상 육체와 함께 소멸한다. 소멸하는 속성을 지닌 것

중에서 상속하는 '나'는 존재할 수 없다. 따라서 윤회는 없다. 거짓이다. 나쁜 짓을 하면 뱀이나 돼지로 태어난다고 함부로 말하면 도덕적 효과는 거둘 수 있을지 모르나 엄연한 거짓말이다. 경에 의하면 석가도 자주 자신의 전생 이야기를 한 것으로 나오는데 이는 "나는 이렇게 들었다(如是我聞)"며 기록한 후대의 가필일 가능성이 크다. 아니면 석가 그 사람이 이 대목에서 철저하지 못했던 탓이리라.

'일체유심조'도 같은 맥락으로 다시 음미해 보아야 한다. 인간의 5감과 6식은 거울과 같아서 표면에 때가 앉으면 사물이 왜곡되거나 전혀 다른 사물로 보이기도 한다. 비가 내리는 것을 보고 농부는 식물이 해갈할 일을 생각하고 기뻐서 춤을 출 지경이나 방금 애인에게 버림받은 남자나 여자에게는 눈물처럼 슬프게 보일 것이다. 인간이 처한 처지나 상황에 따라 사물이 각각 다르게 보이는 것은 사실이다. 그러나 그것은 인식의 본령이 아니다. 슬픈 사람에게나 기쁜 사람에게나 비는 비다. 비를 맞으면 옷이 젖고 옷이 젖으면 한기가 든다. 아침부터 내리기 시작한 비가 저녁에 그쳤다면 이웃에 있는 A사와 B사의 스님들이 다 같이 비를 보았을 것이다. 그 중에 소경 한 사람이 있어 종일 내리는 비를 보지 못했다고 해도 그날 비가 내렸다는 사실은 달라지지 않는다. 이같이 인간의 처지나 상황에 관계 없이 존재하는 외계의 사물은 그 자체로서 존재한다. 네거리의 교통신호가 파란불로 바뀌면 슬픈 사람도 기쁜 사람도 바보도 똑똑이도 다 같이 파란불로 인식하고 길을 건너거나 자동차를 출발시킨다. 인식의 대상이 내리는 비나 네거리의 신호등이 아니라 중도(中道)니

연기법(緣起法)이니 공(空)이니 마음이니 하는 관념일 경우는 다르다. 그런 관념은 이미 〈대승기신론(大乘起信論)〉이 논파한 것처럼 실재로 존재하지 않는 허상이며 그저 이름일 뿐이다. 부처니 보살이니 하는 것도 마찬가지다. 실재하지 않는 것이 실재하는 것을 만들 수는 없다. 제8 아뢰야식도 유전자도 인간이라는 동물이 오랜 세월 살아오면서 쌓인 흔적임에는 분명하나 전생(轉生)의 주체가 될 수는 없다. 아뢰야식도 생멸하는 인간의 의식이기 때문이다.

이처럼 석가나 그의 제자들이 깨달은 것이나 만들어낸 이론들에는 허점들이 더러 보인다. 어떤 것들은 석가의 깨달음이나 가르침에 큰 영향을 주지 않는 사소한 것들도 있으나 어떤 것은 불교라는 거대한 건조물에서 주춧돌을 빼낸 것과 같아서 전체를 다시 생각해 보아야 할 정도로 치명적인 것들도 있다.

석가나 공자를 비롯하여 어느 누구도 완전한 깨달음에 이르지는 못했고, 그들의 가르침 또한 영원히 완전할 수는 없다. "믿어라"고 하지만 그냥 덮어놓고 믿어서는 안 되는 이유가 여기에 있다. 특히 그 뛰어난 사람을 추종하던 무리가 종교를 만들고 각종 교리를 구축하던 참에 만들어 낸 실수는 잘 살펴서 찾아내어야 한다. 불교가 성립하기 이전부터 인도의 민간신앙으로 전승되어 오던 윤회설을 수용하고 이를 합리화하기 위하여 무리한 이론들을 끌어 온 것이 그 대표적인 경우이다.

일체유심조는 절반의 진실을 담고 있는 말이다. 앞에서 이미 살펴본 바와 같이 인간의 지각 대상은 그 자체로서 존재하는 실재적인 사물과 인간의 관념이 빚어낸 비실재적 사물이 있다. 비실재적 사물은 부처님, 하느님과 같은 신앙의 대상도 있고 사랑이니 민주주의니 하는 것들도 있다. 이런 것들은 존재하지 않기 때문에 공(空)이지만 그것을 추구하여 실천하는 과정에 큰 자비가 솟아날 수 있으므로 묘유(妙有)이다. 현대물리학을 원용하여 양자역학을 파고들다가 물질의 최소단위가 비 물질인 운동 에너지라는 사실을 발견하고 불교인이 의기양양하여 "보라. 불교에서는 2천 수 백년 전에 발견한 진리를 서양의 과학은 이제야 겨우 초입에 들어서지 않았느냐" 하고 외치는 것은 망발이다. 현대물리학의 성과를 두고 '무에서 유를 창조하는' 불교식 세계관을 재확인했다고 우기는 것은 잘못이다. 사유의 결과 도출된 '진공묘유(眞空妙有)'의 세계와 실험으로 확인하는 실재적 존재로서의 소립자(素粒子)는 별개이다. 말이 나온 김에 보태자면 물리학에 별 소양이 없는 노스님들도 흔히 '에너지 불변의 법칙'을 끌어당겨 윤회와 환생을 꿰맞추려고 시도하는 일이 잦은데 이런 모습도 안쓰럽기는 마찬가지다.

일체유심조가 절반의 진실이라고 하는 뜻은 단순하다. 인간의 불완전한 지각 능력이 욕망과 망상에 의하여 굴절되면 지각의 대상이 제대로 비칠 수가 없다. 특히 관념의 경우는 어느 종교의 설법자가 지당하게도 "믿음은 보이지 않는 것의 증거요 바라는 것의 실체다."고 한 것처럼 믿고 싶은 것만 믿고 아는 것만 인식한다. 즉 사랑이라는 흔해빠진 말(관념)을 두고도 그것을 생각하는 사람의 수만큼이나 사랑의 본질과 속성은 천차만별로 다 다르다. '조국'이라는 관념도 마찬가지다. 정확하게 말하면 그 모든 관념은 사람의 마음이 만든 것이므로 일체유심조가 맞다. 그러나 돌이나 나무, 바람과 비 같은 실재적 존재는 사람의 마음이 만든 것이 아니고 자연이 만든 것이다. 마음이 만들거나 왜곡 또는 굴절시킨 것이 있기는 하나 세계의 전부는 아니다. 정확하게 절반은 아니지만 편의상 절반이라 해 두자. 마음의 작용을 강하게 표현하려다 보니 '일체유심조'가 되었겠지만 앞으로는 '일체'를 빼는 것이 좋겠다. 장님이 코끼리를 만져보고 저마다 자신이 만져본 부분만으로 "코끼리는 이런 것이다" 하고 우기면 사람의 마음이 코끼리를 만든 경우가 되겠지만 그래도 실제의 코끼리는 변하지 않는다. 장님 아닌 정상의 시력을 가진 사람들이 볼 때 코끼리의 모습은 코끼리일 뿐이다. 즉 코끼리를 만든 것은 인간의 마음이 아니라 코끼리 자신이다. 사람의 마음이 어떻다고 코끼리가 바람이 되거나 풀잎으로 변하는 것은 아니다. 유식학을 배운 유식한 사람들은 당장 유식학의 논리를 원용하여 필자의 단순 무식한 강변을 논박하겠지만 "그래도 지구는 돈다."


## 6. 석가는 허무주의자인가?

여기서는 우리는 더 솔직해질 필요가 있다. 불교 교단이 2천 수백년 버텨온 견고한 성과 같고 경전 또한 바다 같다고 해서 의심이 가는 것을 묻어두어서는 안 된다.

출가 수행 경력이 있는 어느 시인이 젊을 때 쓴 글을 보니 "불교는 동양적 니힐리즘의 극치"라고 쓴 대목이 있었다. 니힐리즘? 맞다. 여기서는 출구가 없다. 양파 껍질처럼 존재의 속살을 벗기고 또 벗기니 텅 빈 허공만 나타났다. 그것을 바로 보라고 석가는 가르쳤다. 거기에 집착할 무슨 건더기가 있는가? 없다.

세계와 존재의 실상을 '없다'고 파악한 그 마음이야말로 허무주의의 극치임이 분명하다. 우리 인생에게 뭔가가 있다. 열심히 찾아서 그 뭔가를 갈고 닦으면 영원히 살고 편하게 살게 된다고 가르칠 수도 있었을 것이다. 그러나 그는 냉정했다. 그 대목에서는 얼음처럼 차가운 직관(智慧)으로 알아차릴 뿐 한 발도 물러서지 않았다. 어영부영하거나 대충 한다는 말은 석가의 사전에 없었다.

그래 없다, 아무것도 없다. 그러니 이 더런 놈의 인생 먹고 마시고 진탕하게 살다가 가자 하든가 육신이 소진될 때까지 학대하여 그 속에 감추어진 정신의 알맹이를 찾아내야 한다고 가설물을 세울 수도 있었을 것이다. 인간에게 절망을 주는 것보다는 희망을 주는 것이 쉬우므로.

석가는 그 쉬운 길을 택하지 않았다. 텅 비었다는 것을 깨닫는 순간, 인간이라는 생명체가 태생적으로 지니고 있는 허무의 밑바닥을 확인한 석가는 그 밑바닥에서 헤어나기 위한 길을 찾기 위하여 평생을 구도자의 길을 걷는다. 우리는 어떻게 해야 하나? 그것을 위해 석가는 45년의 긴 세월을 명상하고 체계화하여 가르침을 베풀었다. 그냥 말로만 가르친 것이 아니라 실천하여 모범을 보였다. "나를 보라" 이것이 가장 큰 가르침이었다. 강을 건넌 후 뗏목이니 뭐니 다 내려놓고 열반에 든 그의 모습이 바로 장대한 경전 그 자체이다.


세존께서 짬빠 부근에 있는 각가라호숫가에 머물고 있을 때였다. 왓지야마히따 장자가 세존을 뵙기 위해 아침 일찍 짬빠를 떠나 왓지야마 숲에 도착하자 한 무리의 방랑 고행자들이 시니컬하게 세존을 비웃고 있다가 마침 도착한 왓지야마히따에게 물었다.

"장자여, 고다마 사문이 모든 고행을 비난하고 거칠고 엄격하게 사는 고행자들을 싸잡아 비난하고 헐뜯는다는 것이 사실입니까?"

왓지야마히따는 부정했다.

"사실이 아닙니다. 부처님은 고행을 비난하지도 않고 거칠고 엄격하게 사는 고행자들을 책망하지도 않습니다. 부처님께서는 비난받을만한 것은 비난하고 칭찬받을만한 것은 칭찬합니다. 그분은 분별력 있게 가르치지 한 면만 보고 치우치게 가르치지 않습니다."

옆에 있던 다른 고행자가 또 물었다.

"장자여, 그대가 비호하고 찬탄하는 수행자 고다마는 내가 보기에 허무주의자입니다. 그는 중요한 문제에 대해서는 언급을 피합니다."

"그렇게 보이고 그렇게 하시는 데는 그만한 까닭이 있습니다. 그러나 부처님께서는 '이것은 선한 것이고 저것은 악한 것이다' 하고 분명하게 말씀하시기 때문에 그분은 허무주의자가 아니고 분명한 언급을 피하는 분도 아니십니다."    《앙굿따라 니까야》

석가의 중도사상과 무기(無記)는 당시에도 일부 수행자들로부터 비아냥의 대상이 되었던 것이 분명하다. 석가 자신이 이런 질문을 받았다면 필시 중도가 무엇이며 존재는 연기(緣起)라고 설하여 방랑승들을 승복케 했을 것이다. 그러나 장자 왓지야마히따는 방랑승들의 질문에서 잘못을 지적하여 제대로 가르치지는 못하고 황급하게 부정하여 자신의 스승이 허무주의자가 아니며 흐리멍덩한 분이 아니라고만 강변하여 그쳤다. 아니면 그 현장에서 격렬한 토론이 행해졌으나 그 과정을 경전에 다 올릴 가치가 없다고 보고 생략한 것일지도 모른다.

어쨌든 경전은 석가가 허무주의자는 아니다 하고 설하고 있다. 그 이유를 다 천명하지는 못했으나 석가가 행한 45년간의 설법이 모두 그 사실을 간접으로 입증하는 것들이다. 석가(부처님)를 신앙의 대상으로 하는 불교도들은 다음과 같이 생각한다. "고행 끝에 모든 것을 알고 해탈의 경지에 오른 석가 부처님은 한 없는 자비심으로 중생을 제도코자 하였으나 사람들의 근기가 약하여 제대로 알아듣지 못하였으므로 하는 수 없이 순서에 따라 법을 설하셨다. 먼저 인연법과 중도를 설하고 반야와 법화, 화엄, 열반경의 순서로 설하셨다"고 생각한다. 부처님의 방대한 설법 내용이 알고 보면 사전의 용의주도한 계획에 따라 쉬운 문제에서 어려운 문제로, 전개되었다고 보는 것이다. 그러나 내 생각은 다르다. 사실 석가는 처음 우주와 인간의 진실을 꿰뚫어 본 결과 허무한 결론에 도달하자 스스로 그 허무로부터 해탈하고 극복하기 위한 길을 찾아 평생을 궁구하고 실천했던 것이다.

그럼 석가는 언제 해탈했는가? 그 우루벨라 마을의 보리수 아래였던 가? 아니면 우파밧타나언덕의 사라쌍수 아래에서 대열반에 들 때였나? 나는 후자였다고 생각한다. 죽음, 다른 말로 입멸, 또는 적멸은 열반의 다른 이름이고 해탈 그 자체이기도 하다. 진정한 해탈은 죽음이며 도는 죽음에 의하여 완성된다는 것이 내 생각이다. 부처님이라고 자타 공인 하던 사람이 죽었는데도 지구는 돈다. 계절은 바뀌고 꽃은 피었다가 시 든다. 이것이 진실이다. 실재다.

죽음은 이 모든 존재의 자기 완성이다. 석가도 그랬던 것이고 후대의 조사스님들도 그랬다. 우리 또한 그럴 것이다. 인생은 죽음에 의하여 완 성되고 해탈의 길도 그곳에서 완성된다. 비로소 석가는 죽음으로부터 자유로워진 것이다.

## 7. 이 언덕에 서서

뉴 델리 코넛 플레이스에서 만난 진씨가 말했었다.

"제가요. 어느 날 갑자기 경기를 일으키며 깨달은 것이 있습니다. 아무 리 따져 봐도 우리 인생이 한 번 뿐인 1회성의 것인 기라. 그것도 절반을 넘어 막판으로 가고 있더라고요. 그런데도 저는 한심하게도 퇴직금을 어떻게 굴리나 오늘은 또 누구랑 등산, 낚시 가서 소일하나 그 따위 것이 무슨 중대한 일이나 되는 것처럼 살아가고 있는 거라요. 미치겠습디다.

그 동안 허비한 시간은 어쩔 수 없다 치더라도 앞으로 남은 시간은 어영부영하지 않으리라, 그 생각이 들었어요."

어영부영이라, 버나드 쇼의 묘비명이 떠올랐다. 독설가로 유명했던 쇼 영감은 죽기 전에 자신의 묘비명을 직접 써놓았는데 그 내용인즉 '어영부영 살더니 이렇게 될 줄 알았다' 였다. 대개의 사람들은 '완전한 열반'에 들기 전에 결산을 해 보면 버나드 쇼와 같은 결론에 도달할 것이다. 석가만은 예외로 하고.

싸밧티시의 제따숲에 있는 아나타삔디카 승원에 머물고 있던 어느날 세존께서 말씀하셨다.

"여기 색깔이 찬란하고 맹독을 품은 네 마리의 독사가 있어 그 중 한 마리라도 잘 못 건드려 성을 내면 그대는 죽을 것이다. 무슨 수를 내야하지 않겠는가?하고 권하는 사람이 있었다. 그래서 그는 뱀을 피하여 이리저리 도망 다니는데 이번에는 다시 그 사람이 말하기를 다섯 명의 살인자들이 우리를 쫓아오고 있으니 무슨 수를 내야하지 않겠는가?했다. 이번에도 다섯 명의 살인자를 피하여 도망을 가지만 여섯 번째의 또 다른 살인자가 목을 베겠다고 쫓아오고 있으니 무슨 수를 내 보라고 한다. 여섯 번째 칼을 들고 쫓아오는 강도를 피하여 도망치다가 텅 빈 마을을 발견하고 빈 집에 숨었다. 그러자 그가 또 말하기를 이 마을을 약탈하려는 도둑들이 이 마을을 약탈하기 위해 오고 있다. 무슨 조치를 하라고 권한다. 다시 도망쳐서 언덕에 오르니 강 저쪽 언덕이 보이는데 그쪽은 평화롭고 안온하여 두려움이 없는 땅이지만 다리도 없고 건너갈 나룻배도 없었다. 나뭇가지와 풀을 모아 뗏목을 만들어 타고가면 어떨까 생각하고 정말 뗏목을 만들어 두 손과 두 발로 사력을 다하여 저어 마침내 저쪽 언덕에 닿았다."

## 이런 비유를 들어놓고 석가는 곧 비유를 설명했다.

"수행승들이여, 네 마리의 뱀은 세계를 만들고 있는 기본 요소인 4대(大), 즉 지수화풍(地水火風)이며, 다섯 명의 살인자는 5취온(五聚蘊)이고, 여섯 번째의 칼을 든 강도는 환락과 탐욕이다. 그리고 텅 빈 마을은 여섯 가지의 내적인 감역을 말한다. 먼저 현명하고 유능하고 지혜로운 자가 시각(視覺)에 관하여 검토하면 오로지 공허하고 황량하고 텅 빈 것만을 볼 것이다.(청각, 후각, 미각, 촉각, 정신에 대해서도 같은 말의 반복이다.)"

마을을 약탈하려고 오는 도둑은 외적인 감역이다.

"수행승들이여, 시각은 좋아하고 좋아하지 않고, 마음에 들고 마음에 들지 않는 형상들 때문에 파괴된다. (청각, 후각, 미각, 촉각, 정신에 대해서도 같은 말을 반복한다.)"

이쪽과 저쪽을 가르는 넓은 강물은 네 가지의 거센 물결로 이루어져 있다. 네 가지 거센 물결이란 감각적 쾌락의 물결, 존재의 거센 물결, 견해의 거센 물결, 무명의 거센 물결이다. 두렵고 위험한 이 언덕은 존재의 다발들(五蘊)이고, 안온하고 평화로운 저쪽 언덕은 열반을 이른다.

"수행승들이여, 뗏목은 여덟 가지의 거룩한 길이다. 곧 올바른 견해, 올바른 사유, 올바른 언어, 올바른 행위, 올바른 생활, 올바른 정진, 올바른 새김, 올바른 집중이다. 수행승들이여, 손과 발로 노를 젓는다 함은 정진과 노력이며, 피안으로 가서 땅 위에 서 있는 거룩한 수행자는 아라한이다."

석가는 분명하게 보여주고 있다. 두려운 뱀과 도둑과 살인자가 득시글 거리는 이쪽 언덕과 따뜻하고 평화로운 저쪽 언덕, 그 사이를 도도하게 흐르고 있는 강물을 솜씨 좋은 화가처럼 실감나게 잘 그려주고 있다. 그리고 뗏목이다. 이미 강을 건널 다리도 나룻배도 없다는 사실이 확인됐다. 건너가려면 스스로 수단을 만들어야 한다. 갠지스강의 폭은 바다 수준이다. 그런 흐름을 눈앞에 두면 누구나 기가 질려 포기하지 않을 수 없다. 그러나 석가는 이 언덕에서 되돌아가지 않았다. 나뭇가지와 풀뿌리, 풀잎까지 모아 뗏목을 만들고 두 손과 두 발로 죽을힘을 다하여 저어가라고 했다. 그리하여 저쪽 언덕에 닿아 평화와 안온의 공기를 마음껏 들이마시고 있는 여행자, 그가 아라한이라는 것이다.

생애 마지막 여행에 나선 석가는 라쟈가하를 떠나 북쪽으로 향하다가 곧 갠지스강을 만났다. 파탈라마을(파트나)에서였다. 강 이쪽 언덕에 서서 건너편을 바라보던 석가의 눈에 강을 건너려고 우왕좌왕하는 사람들이 눈에 들어왔다. 어떤 사람은 배를 가지고 있었고, 어떤 사람은 그 배에 함께 타려고 흥정하고 있었다. 어떤 사람은 나무 판자를 묶어 임시로 배의 대용품을 만들고 있었고 어떤 사람은 나뭇가지와 풀을 엮어 뗏목을 만들고 있었다. 그런 광경을 보면서 그는 게송을 읊었다.


강물에 몸을 적시지도 않고
다리를 놓아 큰 바다나 강이나 호수를

건너는 사람도 있다.

나무 판자나 덩굴풀을 엮어서

뗏목을 만들어 건너는 사람도 있다.

지혜 있는 사람들은 이미 다 건너갔다.

〈〈마하파리닙바나경〉〉

　다리를 놓아 몸에 물을 적시지 않고 강이나 바다를 건너가는 사람도 있었을 것이다. 다리가 없을 경우 배를 타고 건너야 하는데 배가 없으면 뗏목이라도 만들어 사력을 다해 건널 수 밖에 없다. 어쨌거나 무엇을 타건 지혜로운 사람들은 이미 강을 건넜다. 무지한 사람들이 건널까, 말까, 망설이다가 강가에서 우왕좌왕하고 있는 것이다. 저 사람들 중 다수는 끝내 강을 건너지 못하고 이쪽 언덕에서 두려움에 빠져 생을 마감하거나 강물에 빠져 죽을 것이다.

　그런 중생의 삶을 보면서 연민을 일으키고 한없는 자비심을 일으켜 '각자의 뗏목을 만들도록' 생애를 다하여 가르쳐 왔다. 뗏목을 만든 후에는 손과 발을 부지런히 저어 강물에 빠져 익사하지 않고 건너편까지 가도록 최선을 다할 것을 권했다. 마침내 강 저쪽 언덕에 닿았을 때 뗏목을 버리라고 주문한다. 뗏목이 목숨을 살렸으니 소중하여 버리기 아까운 것은 사실이다. 그러나 이제부터 걸어야 할 육로 여행에서 뗏목은 거추장스런 짐이 될 뿐이다. 그러니 강가에 닿으면 뗏목은 버려라. 버려야 산다고 석가는 가르쳤다. 육로에서도 뗏목을 지고 다니는 애처로운 군상이 그의 눈에 들어왔기 때문이었다. '불법(佛法)', 즉 석가의 가르침을 무슨 법률이나 제도처럼 떠받들고 석가의 상을 만들어 앉혀놓고 예배하며 먹고 사는 훗날의 불교 재단을 미리 내다보고 한 말인 것 같다.

도도히 흐르는 강물은 무엇인가? 다섯 개의 덩어리로 된(五聚蘊) 존재에 대한 집착이다. 그것을 들여다보고 텅 비었다는 사실을 깨닫는 것이 지혜이다. 이 지혜의 뗏목을 타고 목숨을 다하여 손발을 저어(精進) 익사하지 않고 건너가야 한다고 했다. 그것 말고는 이쪽 언덕에서 저쪽 언덕으로 가는 방법이 없기 때문이었다. 이론상으로는 더러 구조적인 허점도 보이고 막무가내도 있다. 그러나 그 자리는 모든 이론과 해석과 사유가 끊어진 자리, 직접 맛을 보고 체험해 보지 않고는 언설로 표현도 되지 않는 신비한 땅, 그곳을 열반이라 했다. "와서 맛보라" 하고 그는 말했다. 맛볼 생각은 않고 멀찌감치 떨어져 비켜서서 "저 포도는 신 포도"라고 미리 짐작하는 여우에게는 기회가 주어지지 않는다.

마산에서 인도로 왔다던 진 아무개씨도 자신의 뗏목을 만들려고 나뭇가지를 모으러 다니는 중이었다. 그러다가 그는 일단 포기하고 고향과 가정으로 돌아가는 길을 택했다. 그러나 그는 다시 떠났을 것이다. 지금도 그는 어디선가 나뭇가지와 풀뿌리를 주워 모으고 있지 않을까.

이쪽 언덕은 화택(火宅)이다. 불안하다. 타오르는 불길을 보고도 진씨는 달리 갈 곳이 없어 그 안으로 되돌아 들어갔으나 거기서 오래 머물지는 못할 것이다. 아슈라마를 행하는 모임이라도 하나 만들어 둘 것을. 진씨를 생각하며 문득 그런 생각이 들었다.

그래도 이 길 밖에 없어 이 길을 간다. 아주 오래 된 길이지만 가장 새로운 길, 가시 덩굴과 잡목이 우거져 절벽처럼 앞을 가로막고 있는 전인 미답의 수풀 속으로 길을 내며 앞서 갔던 사람이 있었다. 그는 가면서 뒷사람을 위하여 이정표와 안내판을 세워놓았다. 그 위로 다시 잡초가 덮였다. 잡초를 걷어내고 선인이 세워놓은 안내판을 찾아내어 읽고 그 뜻을 새기고 짐작하면서 헤쳐나가는 작업이 계속되고 있다. 이 글도 그런 작업의 하나다. 갠지스 강물을 맨손으로 거슬러 저어가는 여행자처럼.

# 참고문헌

〈근본불교〉 이중표, 민족사

〈오늘 부처님께 묻는다면〉 전재성 역주, 한국 빠알리성전협회

〈붓다, 그 삶과 사상〉 나카무라 하지메, 무우수

〈상윳따 니까야〉 각묵 옮김, 초기불교연구원

〈숫타니파타〉 석지현 옮김, 민족사

〈붓다의 호흡과 명상〉 정태혁 역, 정신세계사

〈위빠사나〉 김열권 편저, 불광출판사

〈붓다의 가르침과 팔정도〉 월폴라 라훌라, 한국빠알리성전협회

〈百日法門〉 性徹, 藏經閣

〈육조단경〉 나카가와 다카 주해, 김영사

〈우다나·감흥어린 시구〉 전재성 역주, 한국빠알리성전협회

〈빠알리 경전〉 일아 역편, 민족사

〈연기론〉 신용국, 하늘북

〈초기불교의 연기사상〉 전재성, 한국빠알리성전협회

〈佛敎辭典〉 耘虛, 동국역경원

〈허공의 몸을 찾아서〉 석지명, 불교시대사

〈장군죽비〉 휴암, 명상

〈禪의 세계〉 高亨坤, 운주사

〈아함의 중도체계〉 이중표, 불광출판부

〈간화선〉 원융, 장경각

〈힌두교〉 스가누마 아키라, 도서출판 여래

〈BUDDHA 수행법〉 붓다파라, 사티스쿨

〈아난존자의 일기〉 원나 시리, 운주사

〈인도불교사〉 에띠엔 라모뜨, 시공사

〈고다마 붓다〉 성열, 문화문고

〈법구경〉 거해, 샘이 깊은 물

〈대승기신론〉 서광스님, 불광출판사

〈선가귀감〉 청허당 휴정, 불광출판사

〈육조단경〉 혜능, 법공양

〈간화선 수행과 한국禪〉 종학연구소, 동국대학출판부

〈大撰相法門〉 인악스님, 동학사 승가대학

〈臨濟禪 硏究〉 宗浩, 경서원

〈禪宗思想史〉 金東華, 寶蓮閣

〈禪 이야기〉 一指, 운주사

〈禪學辭典〉 李哲教, 一指, 辛奎卓, 佛地社

## 이 청(이태걸) 작가약력

이청(본명 이태걸)은 1945년 울산에서 태어나 출가와 환속을 거듭하고 교사, 기자, 르포 작가, 사사편찬 등의 직업을 두루 거쳤으며, 1973년 대한일보 신춘문예에 소설이 당선되어 등단한 이후 지금까지 30여권의 저술을 남겼다.
특히 2002년부터는 늦은 나이에도 불구하고 창작의욕을 불태워 왕성한 저술활동을 해 왔으며, 2011년 교단을 떠난 이후 용인 수지의 집과 경주 수곡사, 지리산 문수골 등을 오가며 집필을 계속해 오고 있다.
저서로는 〈사바행〉, 〈회색의 봄〉, 〈우리들의 초상〉, 〈부처님 동네〉, 〈우리 옆에 왔던 부처〉, 〈사리〉, 〈바람처럼 흐르는 구름처럼〉, 〈신의 여자〉, 〈대한국인 안중근〉, 〈은어낚시〉, 〈대한민국 멸망〉, 〈마지막 풍수〉(이상 소설)와 〈화두의 향기〉, 〈이 뭣고〉, 〈제3공화국 경제 비화〉, 〈7번 국도를 걷다〉(이상 비소설) 등이 있다.

# 석가는 이렇게 말하였다

2013년 7월 22일 발행
2013년 7월 29일 1쇄

지 은 이 / **이청**
펴 낸 이 / **윤현호**
펴 낸 곳 / **뿌리출판사**
홈페이지 / **www.rootgo.com**
E-mail / bp1115@naver.com / root1115@daum.net / rootgo@dreamwiz.com
주     소 / 서울시 성동구 성수 2가 3동 275-29 대군인더스타운 802호 우편번호 / 133-831
전     화 / (代)2247-1115, 466-4516, 팩스 / 466-4517
출판등록 / 서울시 등록(카) 제 1-551호. 1987.11.23

값 / 12,000원
ISBN 978-89-85622-85-1- 03910